JN070727

きみを変える50の名言
2期
大谷翔平、渡辺直美ほか

はじめに

あなたは困《こま》っている人がそばにいたらどう行動しますか？　もし、その人が病気で苦しんでいたらどうしますか？

手を差し伸《の》べる。助ける。そこに理由や条件などいらない。そう語った哲学者《てつがくしゃ》がいました。困っている人が自分だったら。自分が難民《なんみん》の一人だったら。もし紛争地域《ふんそうちいき》で生まれていたら…。少しでもそんなふうに想像力を働かせると世界は違《ちが》って見えてきます。そして生きている不思議《ふしぎ》、生まれ、死んでいく不思議《ふしぎ》を考えるようになります。

空想から科学が生まれ、想像から自由や理想が生まれると言われます。そしてここにいる自分って誰《だれ》？　と深く考えることで人と人の境界がなくなり、世界の壁《かべ》が消えて真の自由が得られると哲学者《てつがくしゃ》は語りました。

世界で起こるいろいろな出来事は、じつは日々自分の心の中で起きている出来事だという考え方があります。自分がここにいて、考え、想像しなければ世界も存在《そんざい》しません。

さまざまな出来事を、自分の心の目で見て、冷静に考える。想像力は可能性を引き出します。それを信じて一歩前へ踏《ふ》み出してみる。その一歩の勇気が、二歩、三歩となって、やがて大きな飛躍《ひやく》へとつながります。

ほんのちょっとの勇気と怒《いか》りが、
自分の殻《から》を破ったんです。

渡《わた》辺《なべ》直《なお》美《み》

1987〜

タレント、女優《じょゆう》、司会者、歌手

「素の自分が、どこまで通じるのか試してみたかった」。２０１４年、渡辺《わたなべ》直美《なおみ》さんはアメリカへ短期留学をしますが、それを後《あと》押《お》したのは、「ほんのちょっとの勇気と殻《から》にこもりがちな自分への怒《いか》り」でした。自分のことを誰《だれ》も知らないニューヨークで、「この子、面白《おもしろ》い！」と思わせたら自分は〝本物〟。そんな自分の実力を試すための、これまでの「自分の殻《から》を破る」ための留学だったそうです。

小さい頃《ころ》からモノマネの達人コロッケさんや志村《しむら》けんさんに憧《あこが》れて彼《かれ》らの〝モノマネ〟をして〝お笑い芸〟を磨《みが》いた彼女《かのじょ》は、２００７年、東京吉本総合芸能学院12期生としてデビュー。ビヨンセのモノマネで注目を集めて一気にブレークすると、次々と仕事が舞《ま》い込《こ》むようになり、２０１８年10月にはワールドツアーをニューヨークやロサンゼルス、台湾でおこなって世界進出を果たしました。

直美《なおみ》さんは、「自分を客観的にしか見ない。自分がどう見られているのか、カメラを通して自分を見ている感じです」と言っています。普通《ふつう》、人は主観的にモノを見ています。自分を客観的に見ることが出来るようになれば一流と言われますが、彼女《かのじょ》の「勇気と怒《いか》り」は、そのハードルを軽々と乗り越《こ》えたようです。

自分という枠《わく》を超《こ》えるためには、
道に迷うことも
背《せ》伸《の》びも無理も必要。

林《はやし》真《ま》理《り》子《こ》

1954〜
小説家、エッセイスト、日本文藝《ぶんげい》家協会理事長
1986年直木賞、2018年紫綬褒章《しじゅほうしょう》

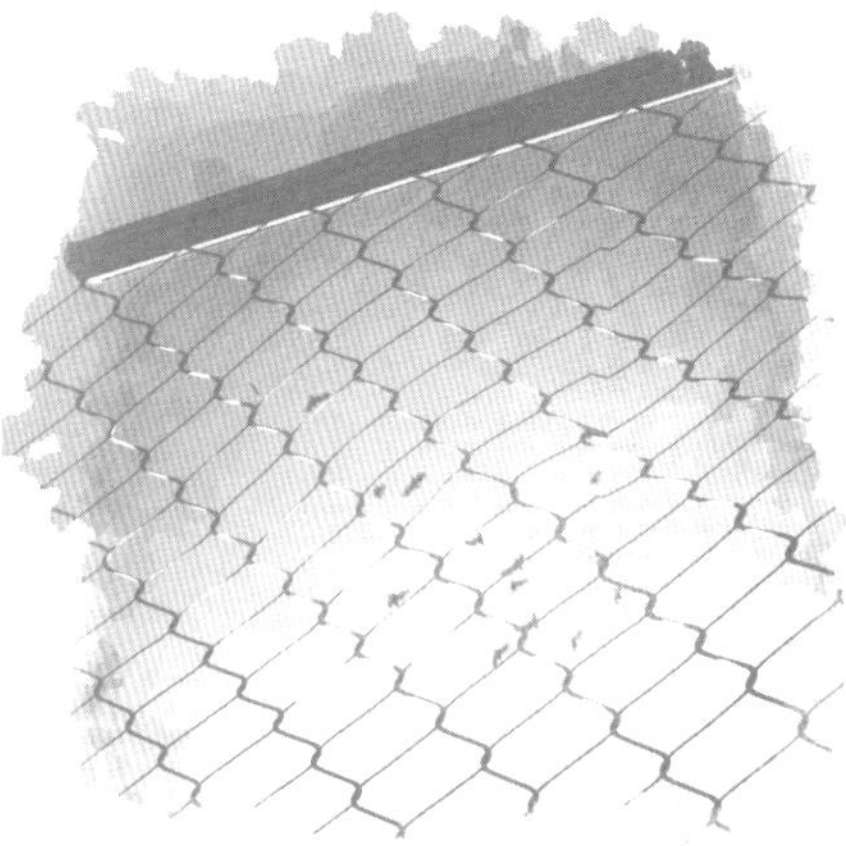

〝自分の枠《わく》〟は、たいてい自分で勝手につくって、そこに自分を収《おさ》めて安住するといった消極的な言葉。似た言葉に〝自分の型〟というのがあって、これは自分のスタイルや〝やり方〟を言い、個性的な意味で前向き・積極的な言葉です。

作家の林真理子さんは、40回以上も就職《しゅうしょく》試験に落ち、お金もコネも資格もない〝ないないづくし〟のどん底からスタートしました。就職《しゅうしょく》試験に落ちた彼女《かのじょ》は、アルバイトをしながらコピーライターの講座《こうざ》に通って、眠《ねむ》っていた才能を見覚めさせます。「つくりながら、つくろいながら、くつろいでいる」。1979年につくった語呂《ごろ》合わせのようなこの広告コピーで、コピーライター新人賞を受賞した彼女《かのじょ》は、その枠《わく》に安住しませんでした。

1982年に書いたエッセー集『ルンルンを買っておうちに帰ろう』を発表するとたちまちベストセラーとなり、4年後の1986年に発表した小説で『直木賞』を受賞、一躍《いちやく》〝文壇《ぶんだん》の人〟となります。ないないづくしだった自分の枠《わく》を超《こ》えようと、道に迷い、時に背伸《せの》びしたり無理をしながら一つひとつ階段《かいだん》を上りつめて、彼女《かのじょ》は誰《だれ》もマネのできない独自の〝型〟を築き上げたのです。

「ノーアタック、ノーチャンス」。

アタックしなければチャンスなんてやってこない。

だから自分からつかみに行く。

佐藤《さとう》琢磨《たくま》
1977〜
レーシングドライバー

世界にはたくさんの自動車レースがあります。クルマ好きな人なら知っているでしょうが、中でも3大自動車レースと言われる『F1モナコグランプリ』、『インディアナポリス500マイル（略：インディ500）』、『ル・マン24時間耐久《たいきゅう》レース』はとくに有名です。

この一つ、2020年8月に開催《かいさい》された『インディ500』で、日本人選手の佐藤琢磨《さとうたくま》さんが見事優勝《ゆうしょう》を果たしました。2017年に続いて2度目の優勝《ゆうしょう》です。『インディ500』はほかの二つのレースと違《ちが》って、1周約4キロメートルのサーキットを200周する競技で、スピードが最高速380キロメートルにも達する世界最速のレースと言われています。

かつて『F1モナコグランプリ』に参戦した佐藤《さとう》さんは、そこで積み上げた経験と技術を活かして『インディ500』にアタックしました。「ノーアタック、ノーチャンス」「待っているだけでやってくるチャンスなんて一生のうちに一度か二度しかない。だから自分からつかみに行く」。彼《かれ》はこの言葉を信条にしてチャンスをつかみ、2度も栄冠《えいかん》を手にしたのです。

気持ちが落ちるなら、
いちばん下まで落ちてしまえばいい。
そうなれば、
あとは上がるしかないから。

内田《うちだ》篤人《あつと》

1988〜
プロサッカー選手

「人はなぜ堕《お》ちるのか？ 這《は》い上がるためだ」。アメリカの人気映画《えいが》シリーズ『バットマン・ビギンズ』は、子どもの頃《ころ》に暗い洞穴《ほらあな》に落ちて味わった恐怖《きょうふ》体験を、成人してからもトラウマ（心の傷《きず》）として引きずる主人公が、この言葉に目覚めて闇《やみ》の底から這《は》い上がるという筋《すじ》立てでした。

２０１０年から２０１７年までドイツブンデスリーガ・シャルケに所属し、活躍《かつやく》してきたサッカー選手の内田篤人《うちだあつと》さんは、どこか物静かな人で、黙々《もくもく》・コツコツと練習を重ね、試合では冷静沈着《ちんちゃく》なプレイで実績を積み上げてきました。シャルケ強化部長のホルスト・ヘルトは「あいつはケタ外れな自制心を持つ選手で、戦略指示を１００パーセント実行する」と絶大な信頼《しんらい》を寄せました。

〝ケタ外れな自制心〟は、解放すると「ケタ外れな攻撃力《こうげき》」となります。敏捷性《びんしょうせい》とスピードを活かしたプレーでドイツのサッカーファンを魅了《みりょう》した彼《かれ》は、２０１８年に鹿島アントラーズに復帰、２０２０年に現役引退を発表しました。

落ち込《こ》んだら、とことん落ち込《こ》めばいい。あとは這《は》い上がるだけ。自身の経験に裏打《うらう》ちされた言葉には、有無を言わせぬ説得力があります。

私《わたし》のルーティンというか、
靴《くつ》はいつも右側からはきますね。

澤《さわ》穂《ほ》希《まれ》

1978〜
元女子サッカー日本代表、2011年国民栄誉賞、紫綬褒章《しじゅほうしょう》

〝ルーティン〟というものがあります。スポーツ選手には欠かせないもので、ラグビーの五郎丸《ごろうまる》さんはキック前に忍者《にんじゃ》みたいなポーズを取り、イチロー選手はホームベースに立つと、そでをまくり上げてバットを高くかざしました。

〝ルーティン〟は何かをする時の手順。習慣づけることで自分のリズムとなり、パフォーマンスやポテンシャルを高める効果があるとされます。

『なでしこジャパン』キャプテンとして、澤穂希《さわほまれ》さんは６度のワールドカップと４度のオリンピックに出場。２０１１年ＦＩＦＡ女子ワールドカップドイツ大会では得点王とＭＶＰを獲得《かくとく》して『ＦＩＦＡ最優秀《ゆうしゅう》選手賞』を受賞しました。

メキシコ戦で見せた「ハットトリック」は伝説となり、決勝戦で世界ランク１位のアメリカを下した時は、世界中のメディアが「鉄の意思のチーム」と称《たた》えました。右側から靴《くつ》をはくルーティン。その右足で蹴《け》り出したボールで、彼女《かのじょ》は日本女子代表では歴代トップのゴール数を記録しました。「苦しくなった時は私《わたし》の背中《せなか》を見なさい」と彼女《かのじょ》は言っています。苦しい時だけでなく何かをする時は、澤《さわ》さんの背中《せなか》を思い出して、それをルーティンにするといいかもしれません。

他人と過去は変えられない。
だから、「自信がない」自分を変える。

黒《くろ》島《しま》結《ゆい》菜《な》
1997〜
女優《じょゆう》

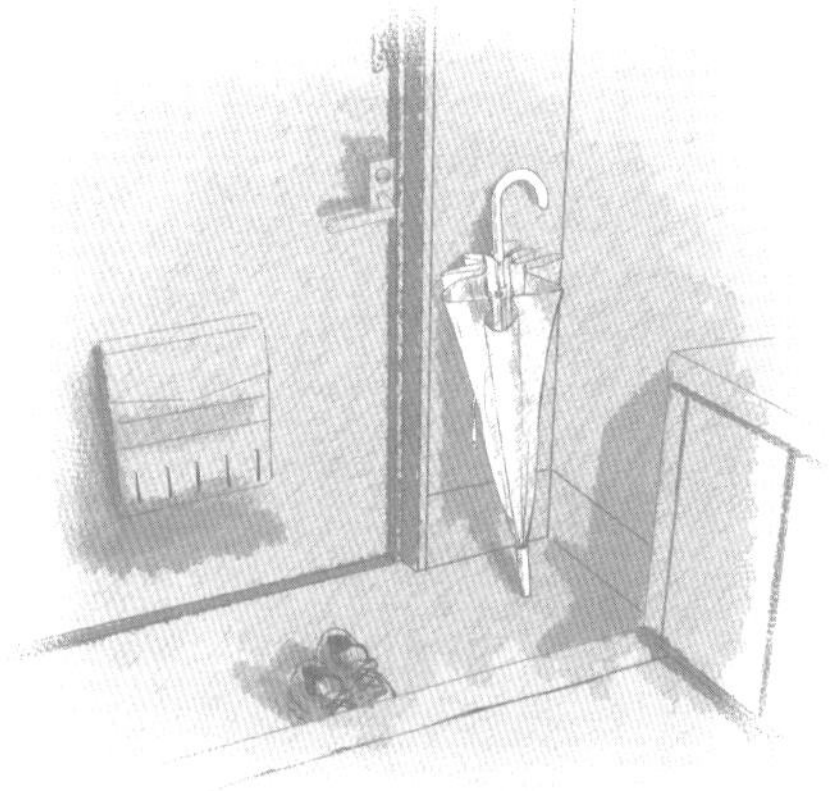

連続テレビドラマ『アシガール』は、戦国時代にタイムスリップして足軽となった女子高生が巻《ま》き起こすラブコメディでした。人気を博したこのドラマでヒロインを務めたのが黒島結菜《くろしまゆいな》さん。２０１４年に公開された映画《えいが》『呪怨《じゅおん》：呪《のろ》いの家』を皮切りにつぎつぎと話題作に出演して、さまざまな役を演じてきました。

〝演じる〟というのは、その役柄《やくがら》になりきることで、違《ちが》う自分になることですが、〝なりきる〟のは誰《だれ》でもない自分自身です。そんな世界に飛び込《こ》んで、結菜《ゆいな》さんは悩《なや》み、自信を失いかけたことがあるそうです。

ラベリングという言葉があります。レッテル貼《は》りとも言いますが、他者を〝こんな人〟と勝手に決め付けることです。でもそれは自分の中で描《えが》いた他者の像で、相手の真実の姿《すがた》ではありません。みんな自分の物語を生きて、他人の物語を生きることは出来ません。だから、過去を変えられないように他人を変えることは出来ないのです。結菜《ゆいな》さんは、お父さんからそれを教えられ、自分を変えようとします。自分の物語は自由に創作《そうさく》して幅《はば》を拡《ひろ》げることが可能です。そして、これまで自信の持てなかった自分を見つめ、「『自信がない』をやめた」と言いました。

160キロの球を
投げている姿《すがた》をイメージする。
その後に現実がついてくる。

大谷《おおたに》翔平《しょうへい》
1994〜
プロ野球選手、MBLロサンゼルス・エンゼルス所属

メジャーリーグで活躍《かつやく》している大谷翔平《おおたにしょうへい》さんは、最初に頭でイメージを描《えが》くと、現実が後からついてくると言っています。誰《だれ》もやったことがない、自分にしか出来ないことをしたくてはじめたという〝二刀流〟も、今ではすっかり板についで彼《かれ》の代名詞《だいめいし》になっています。

ピッチャーはゲームをつくり、バッターはゲームを決めます。その二つの仕事を一人でこなそうとしているんです。なんて大胆不敵《だいたんふてき》な人なんでしょう。

大谷《おおたに》さんは、幕末《ばくまつ》の変革《へんかく》に揺《ゆ》れ動いた時代が好きで、「革命《かくめい》」や「維新《いしん》」という言葉に惹《ひ》かれ、憧《あこが》れを抱《いだ》いているそうです。確かに、彼《かれ》は野球というゲームに一つの革命《かくめい》をもたらしました。打てばホームラン、投げれば時速165キロメートルという新幹線並《な》みの剛速球《ごうそっきゅう》です。どうしたら彼《かれ》のようになれるのでしょう？テーマの言葉のほかに、秘訣《ひけつ》がもう一つありそうです。

彼《かれ》の理想の投球法は「無駄《むだ》なく、ロスなく、なるべく余分な動きを省いて最少の動きで投げる」ことだそうです。これは〝武術〟の極意で、もしかすると彼《かれ》は、二刀流を編み出した無敵の先輩《せんぱい》・宮本武蔵《みやもとむさし》をめざしているのかもしれません。

強い、弱いは、執念《しゅうねん》の差です。

上野《うえの》由岐子《ゆきこ》

1982〜

ソフトボール選手、北京オリンピック金メダリスト、2008年紫綬褒章《しじゅほうしょう》

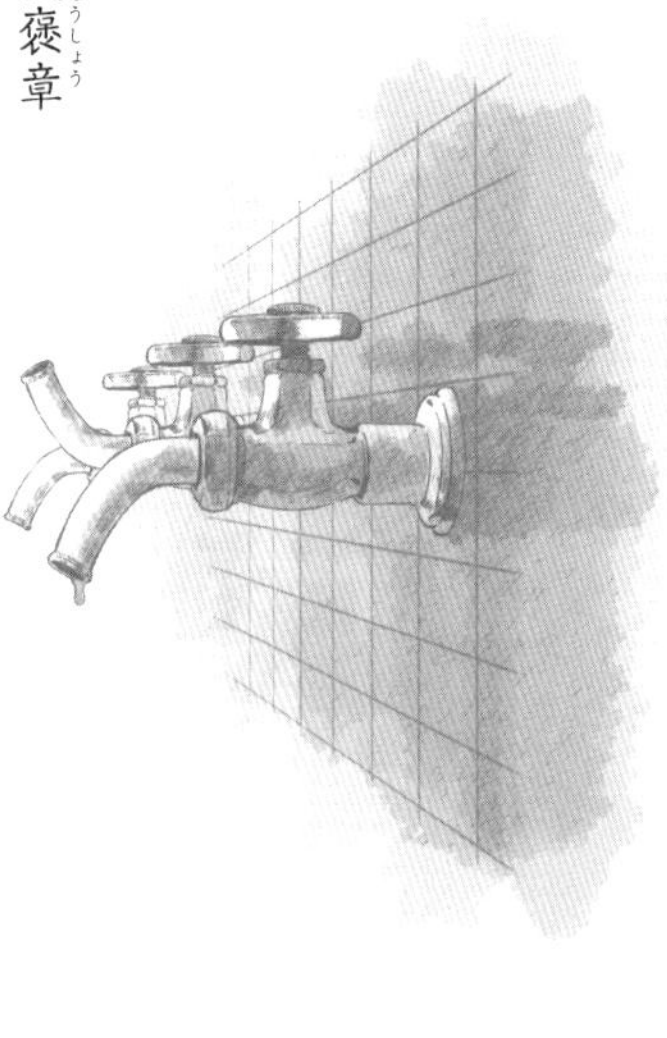

〝オリエンタル・エクスプレス〟。高校生時代にソフトボールで時速107キロメートルの日本人最速を記録した上野由岐子《うえのゆきこ》さんはそう呼《よ》ばれました。

高校を卒業すると女子ソフトボールの日本代表となり、世界デビュー戦となったアテネ・オリンピック出場権《けん》のかかる世界選手権《せんしゅけん》でいきなり完全試合を達成。このアテネで銀メダルを獲得《かくとく》した彼女《かのじょ》は、日本のエースとして2008年の北京オリンピックでチームを優勝《ゆうしょう》に導き、金メダルの栄冠《えいかん》に輝《かがや》きました。

上野《うえの》さんの活躍《かつやく》ぶりを報じた新聞には「神様、仏様、上野様《うえの》」の見出しが躍《おど》り、投げた球数を称《たた》える「上野《うえの》の413球」がその年の『新語・流行語大賞』の審査《しんさ》員特別賞を受賞しました。彼女《かのじょ》の勢いは止まりません。さらに、2013年にわずか68球で7度目の完全試合、2016年には通算200勝を達成しています。この強さの秘密《ひみつ》はどこにあるのでしょう?

彼女《かのじょ》のストレートは世界最速121キロメートルを記録したことがあって、これは野球での体感速度160~170キロメートルに匹敵《ひってき》するそうです。それを可能にしたのは、強くなりたい、勝ちたいという強い〝執念《しゅうねん》〟かもしれません。

いい意味で
ズル休みをしたほうが、
人生ステキだよという気がします。

落《おち》合《あい》恵《けい》子《こ》

1945〜
作家、元文化放送アナウンサー、クレヨンハウス主宰《しゅさい》、
2020年 ENEOS 児童文化賞

作家の落合《おちあい》恵子《けいこ》さんは、児童書専門店《せんもんてん》「クレヨンハウス」をはじめ、女性の本専門《せんもん》店、木のおもちゃ専門《せんもん》店、さらにオーガニック雑誌《ざっし》の通販《つうはん》などを手掛《てが》け、さまざまな分野でエネルギッシュに活動しています。

文化放送のアナウンサー時代にはパーソナリティも務め。ゆったりと静かに語りかける口調や優《やさ》しい人柄《ひとがら》から〝レモンちゃん〟の愛称《あいしょう》で親しまれました。しかし爽《さわ》やかな感じの〝レモン〟は、けっして甘《あま》くはありません。彼女《かのじょ》は、フェミニスト（男女平等を主張する人）の視点《してん》から、女性や子どもたちの問題についての評論《ひょうろん》や講演活動をおこない、核心《かくしん》を突《つ》いた厳《きび》しい意見を発信しています。

社会の規律《きりつ》やルールは、人がつくった約束事が慣習化されたもので、すべてが正しいとは限りません。「自分にとって心地のいい方向に進みたい。〝私《わたし》〟があって社会があるのですから」。そして、状況《じょうきょう》によっていい意味での「ズル休み」が〝ステキ〟な気がすると彼女《かのじょ》は言いました。ルールや社会より前に〝自分〟があるのです。縛《しば》られず、捉《とら》われず〝融通無碍《ゆうずうむげ》〟に生きる。〝融通無碍《ゆうずうむげ》〟は、「素直な心」という意味で、〝経営の神様〟松下幸之助《まつしたこうのすけ》さんがよく口にした言葉だそうです。

〝ありのまま〟が大切。
どこまで自分のナチュラルさを出せるかで
結果が変わってくると思います。

小島瑠璃子《こじまるりこ》
1993〜
タレント、司会者、スポーツキャスター

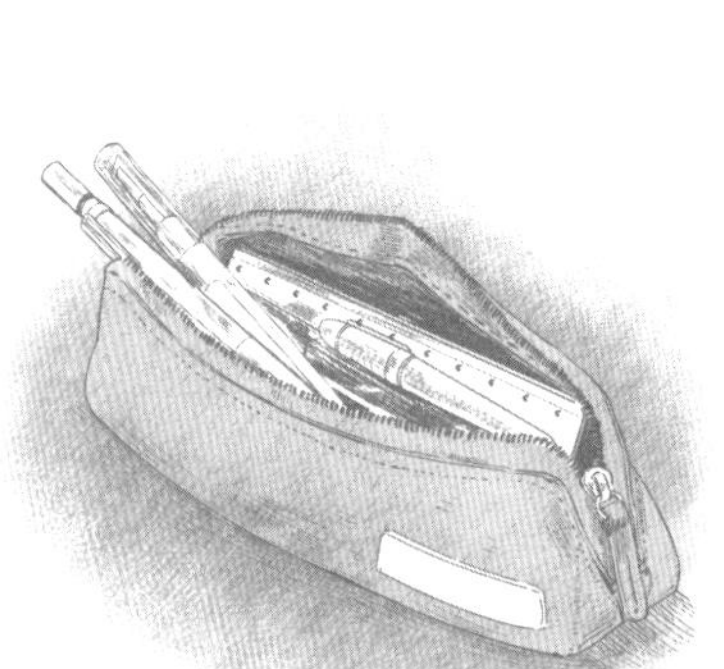

司会からバラエティ番組、スポーツキャスターなど、何でもこなせる〝こじるり〟こと、マルチタレントの小島瑠璃子《こじまるりこ》さんは、コミュニケーション能力が高いとテレビ各局から引っ張りだこです。

2009年にタレントのスカウトキャラバンでグランプリを受賞した彼女《かのじょ》は、全国ネットのテレビ番組に出演して人気を博し、2015年にはテレビ番組への出演回数で女性タレントのナンバーワンに。報道情報番組に出演した時には、選挙の開票センターから生中継《ちゅうけい》リポートを担当《たんとう》し、政治記者やプロのアナウンサーに引けを取らない取材とリポートで〝こじるり無双《むそう》〟と呼《よ》ばれるほど高い評価を得ました。また、レギュラー出演の教育番組では、的を得た質問や絶妙《ぜつみょう》な間合いでゲストの専門《せんもん》家を驚《おどろ》かせることもしばしばです。

小学校高学年から中学生頃《ころ》まで〝変な眼鏡をかけたガリ勉〟と言われた彼女《かのじょ》は、高校生時代にサッカー部のマネージャーをして、「空手」の経験を積むなど、まさに文武両道。〝ありのまま〟は「素直」ということで、武道家の理想の境地だとも言われます。〝こじるり〟さんは、若《わか》くしてその境地に達しているようです。

理不尽《りふじん》なことを、
そういう世界だからって納得《なっとく》させて、
鈍感《どんかん》になっていくことが
何よりも許せない部分だと
思っています。

池田《いけだ》エライザ
1996〜
ファッションモデル、女優《じょゆう》、映画《えいが》監督《かんとく》

2009年、13歳《さい》の時にファッションモデルとしてデビューした池田《いけだ》エライザさんは、〝自撮《じど》りの神〟と呼《よ》ばれ、口をつまんだユーモラスな「エライザポーズ」は大きな反響《はんきょう》を呼《よ》んで、真似たポーズで自撮《じど》りする人が続出しました。

そんな彼女《かのじょ》は、モデル時代から女優《じょゆう》をめざしてオーディションを受けますが、落選続きで落ち込《こ》んだ日々を過ごしたそうです。

ようやく2011年に映画《えいが》デビューを果たすと、4年後の2015年に『みんな！エスパーだよ！』のヒロインに抜擢《ばってき》。オーディションを受けての抜擢《ばってき》でしたが、監督《かんとく》の園子温《そのしおん》さんから「僕《ぼく》の映画《えいが》をどう思う？」と聞かれて、素直に「嫌《きら》いです！」と答え、その理由を説明したところ、即〝採用！〟となったそうです。

この映画《えいが》を機に本格的に女優《じょゆう》活動を開始し、今、彼女《かのじょ》は自らメガホンを取って映画《えいが》制作にもチャレンジしています。エライザさんの強みは、園監督《そのかんとく》も認《みと》める〝素直さ〟と〝敏感《びんかん》力〟、そして理不尽《りふじん》なことに対する〝反発力〟。彼女《かのじょ》自身「自分の強みは人間力だと思っています」と語っています。冷静に自分を見つめて「自己《じこ》分析《ぶんせき》」する、その人間力こそがいちばんの強みなのです。

『論語《ろんご》』と『ソロバン』という
かけ離《はな》れたものを一つにするという事が、
もっとも重要なのだ。

渋沢栄一《しぶさわえいいち》
1840〜1931
官僚《かんりょう》、実業家、慈善《じぜん》家、正二位勲一等子爵《しょうにいくんいっとうししゃく》

２０２４年（予定）から新しい一万円札の顔に起用される渋沢《しぶさわ》栄一《えいいち》さんは、日本初の銀行を開設したのをはじめ、『東京証券取引所』や『商法講習所（現在の一橋大学）』などの設立に関わって〝日本資本主義の父〟と呼《よ》ばれました。テーマの言葉にある『論語《ろんご》』は、儒教《じゅきょう》の祖・孔子《こうし》の教えをお弟子さんたちがまとめたもので、有名な〝仁義礼智信《じんぎれいちしん》〟もこの中にあります。孔子《こうし》は紀元前５００年頃《ころ》の思想家で、『論語《ろんご》』は当時の倫理《りんり》道徳の教科書みたいなものでした。

いっぽう『ソロバン』はお金の計算をする「経済《けいざい》」。〝こころ〟と〝お金〟を一つにすることがなにより大切なことだと、渋沢《しぶさわ》さんは言っています。これ、今のコロナ問題とどこか似ていませんか？　新型コロナウイルスの拡大《かくだい》を止めるために命を優先《ゆうせん》させる「ロックダウン（都市封鎖《ふうさ》）」と、多少の命を犠牲《ぎせい》にしても経《けい》済《ざい》活動を優先《ゆうせん》させる自粛解除《じしゅくかいじょ》。「こちらを立てれば、あちらが立たず」という相《あい》矛盾《むじゅん》した〝二項《こう》対立〟で、その中に私たちは置かれています。

「論語《ろんご》とソロバンを一つにする」とは、他者を大切にして、痛《いた》みも利益も分かち合うこと。渋沢《しぶさわ》さんの答は、相手を思いやる〝利他の精神〟だったのです。

いいですか、教わるばかりで
自分の頭で考えるということをしないと
バカになっちゃいます。

高橋《たかはし》源一郎《げんいちろう》

1951〜

小説家、文学者、文芸評論家《ひょうろんか》、明治学院大学名誉《めいよ》教授

〝世界4大聖人《せいじん》〟と言われる「釈迦《しゃか》」「孔子《こうし》」「ソクラテス」「キリスト」のうち、「キリスト」を除《のぞ》く3人は、ほぼ紀元前5世紀頃《ごろ》に誕生《たんじょう》して活躍《かつやく》しました。『西暦《せいれき》』は、「キリスト」が生まれた年を紀元（元年）としています。

「釈迦《しゃか》」は仏教、「ソクラテス」は西洋哲学《てつがく》、「孔子《こうし》」は儒教《じゅきょう》の開祖で、およそ2千年から2千5百年前に生まれたこの4聖人《せいじん》によって、世界の歴史は大きな影《えい》響《きょう》を受けることになります。小説家の高橋《たかはし》源一郎《げんいちろう》さんは、この一人、「孔子《こうし》」の『論語《ろんご》』を20年の歳月《さいげつ》をかけて完全新訳《やく》し、『一億三千万人のための「論語《ろんご》」教室』という題名で出版。疫病《えきびょう》や飢饉《ききん》などで混乱《こんらん》した時代に、苦しむ民衆《みんしゅう》を見つめて語られた「孔子《こうし》」の言葉は、コロナの時代を生きる知恵《ちえ》になると話題になって、本はたちまちベストセラーとなりました。テーマの言葉は、「子曰《しいわ》く、学んで思わざればくらし。思って学ばざればあやうし」という論語《ろんご》を新訳《やく》したもので、訳《やく》は「でも、自分の殻《から》の中に閉《と》じこもって考えてばかりいては、すごくヤバいことになっちゃうから気を付けてください」と続きます。〝バカ〟になって〝ヤバイ〟ことになっちゃう前に、一度、現代の孔子《こうし》先生の話に耳を傾《かたむ》けておきたいものです。

今、ここそ、
5次元宇宙《うちゅう》です。

リサ・ランドール

1962～
アメリカの理論《りろん》物理学者（素粒子《そりゅうし》物理学、宇宙論《うちゅうろん》）、
ハーバード大学物理学教授

みなさんが今住んでいるこの宇宙《うちゅう》は、何次元だと思いますか?

1次元は点と線、2次元は平面、3次元は立体。そこに時間を加えると4次元ということになります。でも、アメリカの理論《りろん》物理学者リサ・ランドールさんは、この宇宙《うちゅう》は5次元だと言いました。え? なんで?・・じつは、これには、今の宇宙《うちゅう》の最大の謎《なぞ》の一つと言われる〝重力〟が大きく関係しています。

自然界には「電磁気力《でんじき》(電気と磁気《じき》の力)」「強い力(核力《かくりょく》)」「弱い力(素粒子《そりゅうし》を崩壊《ほうかい》させる力)」「重力」の4つの力がありますが、この「重力」がほかの力よりも極端《きょくたん》に小さすぎて、すべてを統一した理論《りろん》がつくれないのです。20世紀最高の頭脳《ずのう》・アインシュタイン博士も挑《いど》んで断念してしまいましたが、ランドール博士は、そのアインシュタインを超《こ》えたと言われる女性物理学者で、27歳《さい》の時に重力の問題を解消する『5次元方程式』を発表。実際に5次元宇宙《うちゅう》があることを数式で証明しました。彼女《かのじょ》は、シャワールーム全体を5次元宇宙《うちゅう》にたとえて「この3(4)次元世界は、シャワーカーテンに張りついた水滴《すいてき》のようなもの」と言っています。宇宙《うちゅう》には、私《わたし》たちの見えない世界がいっぱいあるのかもしれません。

※ランドール博士の理論《りろん》は、宇宙《うちゅう》が5次元だと「重力」が高次元世界(シャワールーム全体)に拡散《かくさん》して、3(4)次元世界では小さく観測されるというものです。

物理は、
いわば振動《しんどう》する弦《げん》が奏《かな》でる
さまざまなハーモニーで、
化学は弦《げん》が弾《はじ》くメロディだ。

ミチオ・カク

1947〜
日系《けい》アメリカ人の理論《りろん》物理学者（素《そ》粒《りゅう》子《し》論《ろん》、超《ちょう》弦《げん》理《り》論《ろん》）

ガリレオ・ガリレイは、「宇宙《うちゅう》は『数学』の言葉で書かれている」と言いました。今、〝世界でもっとも独創的《どくそうてき》な物理学者〟と言われるマックス・テグマークもこれを発展《はってん》させた『数学的宇宙《うちゅう》仮説』を提唱しています。

リサ・ランドール博士は「5次元宇宙《うちゅう》」を数式で証明しましたが、宇宙《うちゅう》物理学者のミチオ・カクさんは、宇宙《うちゅう》は〝11次元〟あると言っています。これは『超弦《ちょうげん》（ひも）理論《りろん》』という最先端《せんたん》の宇宙理論《うちゅうりろん》で、〝重力〟や〝光〟の問題もこれによって解消されると期待されています。「4つの力」の一つである〝重力〟は、小さすぎて統一した理論《りろん》がつくれず、科学者たちの頭痛《ずつう》のタネになっています。また、〝光〟は、「波」と「粒子《りゅうし》」の二つの性質がありますが、そもそも、なぜ「光」が存在《そんざい》するのかがわかっていません。でも、もし、最小物質の「粒子《りゅうし》」が〝つぶ〟ではなく〝弦《げん》（ひも）〟だと仮定すると、「弦《げん》の振動《しんどう》」ですべての謎《なぞ》が解消されます。

素粒子《そりゅうし》の一つである光子は弦《げん》が振動《しんどう》することで光を発し、11次元あれば重力の小さいことも説明出来るのです。博士は「物理は弦《げん》が奏《かな》でるハーモニー、化学はメロディだ」と言いました。耳を澄《す》ますと〝音楽〟が聴《き》こえてきそうです。

※11次元など、複数の次元がなくてもこの宇宙《うちゅう》や重力を説明できる「ループ量子重力理論《りろん》」という考え方も注目されています。

今出来ることは、
本当に今しか出来ない。

松《まつ》岡《おか》茉《ま》優《ゆ》
1995〜
女優《じょゆう》、タレント

「音楽とは不思議なものです。演奏《えんそう》するのは小さな個人で、指先から生まれるのは瞬間瞬間《しゅんかんしゅんかん》に消えていく音符《おんぷ》。しかし、同時にそこにあるのは永遠とほぼ同義（同じ）のもので、音楽というその場限りのはかない一過性《いっかせい》のものを通じて私《わたし》たちは永遠に触《ふ》れているのです」。これは、女優《じょゆう》の松岡茉優《まつおかまゆ》さんが主演を務めた『蜜蜂《みつばち》と遠雷《えんらい》』という映画《えいが》の1シーンに挿入《そうにゅう》された指揮《しき》者の言葉です。

映画《えいが》は、直木賞と本屋大賞をダブル受賞した恩田陸《おんだりく》さんの同名小説を2019年に実写映画《えいが》化したもので、国際ピアノコンクールを舞台《ぶたい》に4人の天才ピアニストたちがそれぞれの人生と魂《たましい》を賭《か》けて競い合う人間の成長物語。松坂桃李《まつざかとおり》さんや森崎《もりさき》ウィンさんらが共演して話題になりました。

実際に演奏《えんそう》するのはプロのピアニストですが、天才ピアニストを演じる俳優《はいゆう》たちは、この映画《えいが》に臨《のぞ》んで6か月間も厳《きび》しいピアノの訓練を受けたそうです。

「今出来る」その〝今〟は一瞬《いっしゅん》で消えて、再び戻《もど》りません。しかし、魂《たましい》を込《こ》めた人間の指先を通して〝今〟が〝永遠〟となります。茉優《まゆ》さんは、心の傷《きず》をかかえた天才ピアニストという難しい役を演じながらそれを学んだのだと思います。

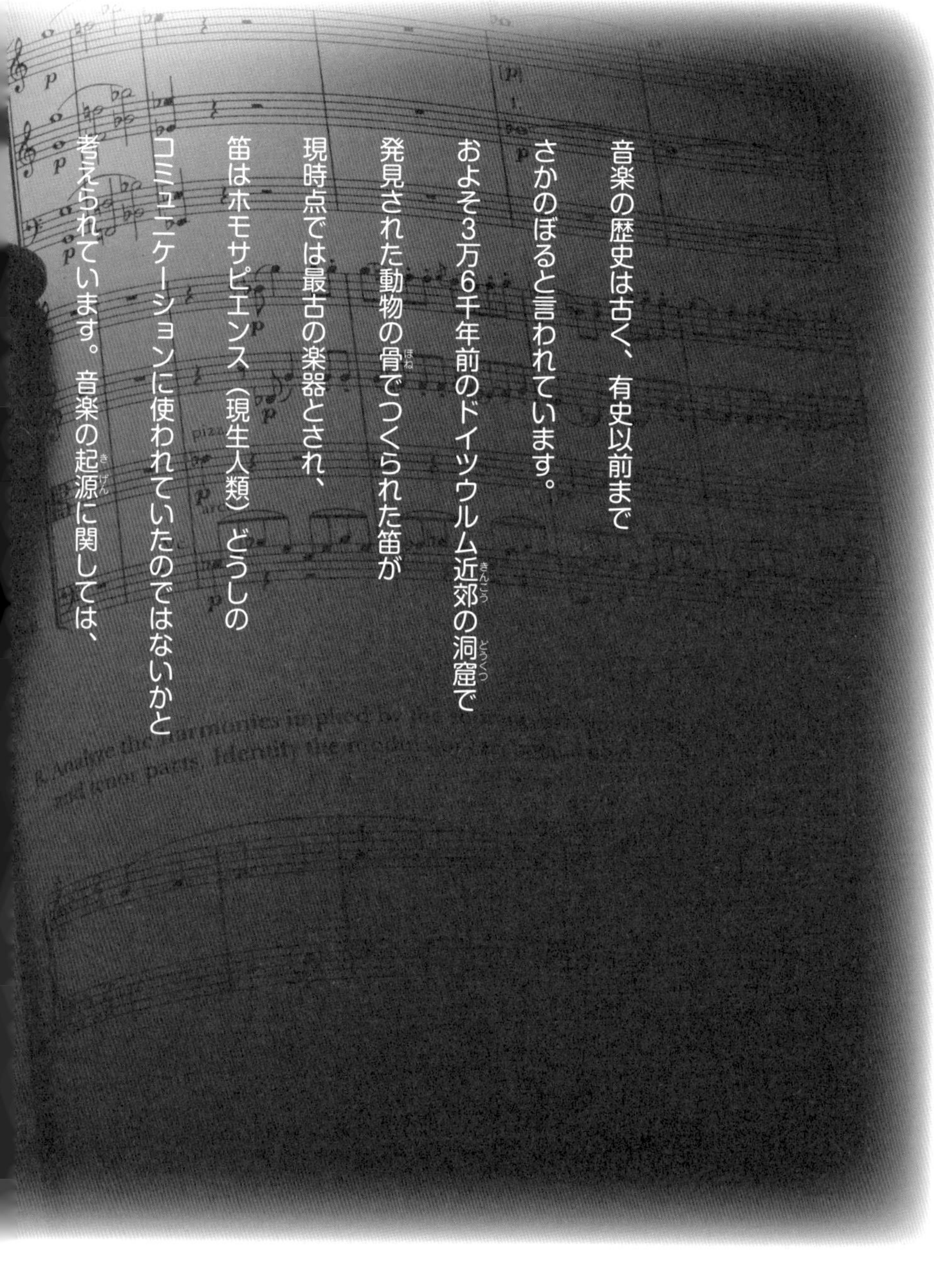

音楽の歴史は古く、有史以前まで
さかのぼると言われています。
およそ3万6千年前のドイツウルム近郊《きんこう》の洞窟《どうくつ》で
発見された動物の骨《ほね》でつくられた笛が
現時点では最古の楽器とされ、
笛はホモサピエンス（現生人類）どうしの
コミュニケーションに使われていたのではないかと
考えられています。音楽の起源《きげん》に関しては、

言葉を歌うように発した『言語起源《きげん》説』、
労働の動きのリズムから生まれた『労働起源《きげん》説』、
感情のほとばしりから生まれた『感情起源《きげん》説』など
さまざまですが、チンパンジーも音のリズムに
合わせて動作するという実験結果があります。

人類も、大自然の息吹《いぶき》を身近に感じながら、
心臓《しんぞう》の拍動《はくどう》などのリズムを模倣《もほう》した打楽器をつくり、
もっと太古から音楽に親しんでいたのかもしれません。

踏《ふ》みならされた道を離《はな》れ、
森の中へ入ってみなさい。

江《え》崎《さき》玲《れ》於《お》奈《な》

1925〜
物理学者、1973年ノーベル物理学賞、
1974年文化勲章《くんしょう》、1998年勲一等《くんいっとう》旭日大綬章《きょくじつだいじゅしょう》

「科学は鋭《するど》い知性のもとで研究を進めるが、直感と霊感《れいかん》をたよりに暗中模索《あんちゅうもさく》し、悪戦苦闘《くとう》と試行錯誤《さくご》をくり返す」「将来《しょうらい》は過去の延長《えんちょう》ではなく、まったく別のアプローチからブレイクスルー（発見）が生じる」「科学には、客観的で理性的なロゴス（論理や言葉）の面と、直感的な創造《そうぞう》の二つの面がある」。

これは、1973年、半導体における『トンネル効果』を発見し、エキサダイオード（トンネルダイオード）を開発した功績《こうせき》により、日本人として4人目となるノーベル物理学賞を受賞した江崎玲於奈《えざきれおな》さんの言葉です。

彼《かれ》が発見した『トンネル効果』って何でしょう？　最小物質とされる「量子」には、離《はな》れた二つの量子どうしが情報交換《こうかん》し合う『量子もつれ』や、ある確率で壁《かべ》を通り抜《ぬ》ける『トンネル効果』があるとされます。江崎《えざき》博士が研究をはじめた当時、トランジスタ（半導体）は不良品が大量に発生していました。博士はこの謎《なぞ》に挑《ちょう》戦《せん》し、それが『トンネル効果』によるものであることを解明したのです。

博士は、直感と霊感《れいかん》をたよりに、森の中に入って探求《たんきゅう》し続けました。踏《ふ》みならされた道ではない場所。そこに〝ブレイクスルー〟があると彼《かれ》は言っています。

メモしないでも覚えているような
思いつきは大したものではない。
メモしないと忘《わす》れてしまうような
着想こそが貴重《きちょう》なのです。

福《ふく》井《い》謙《けん》一《いち》

1918~1998
化学者、1981年ノーベル化学賞、文化功労者、文化勲章《くんしょう》、
1998年勲一等《くんいっとう》旭日大綬章《きょくじつだいじゅしょう》

みなさんは、メモ帳を持っていますか？　これは大事だなと思ったり、いいアイデアが浮《う》かんだりした時など、その場でメモを取りますか？

１９８１年にアジア人としてはじめてノーベル化学賞を受賞した福井謙一《ふくいけんいち》さんは〝メモ魔《ま》〟だったそうです。寝《ね》る時には、いつも枕元《まくらもと》にメモ帳と鉛筆《えんぴつ》を置いて、散歩の時にも欠かさず持ち歩いていたと言われます。

また、博士は、研究者や学生を相手に討論《とうろん》する時は、研究に欠かせないもっとも重要なものとして〝直感〟と〝ひらめき〟の大切さを説きました。散歩や眠《ねむ》りに就《つ》く前など、リラックス時には『デフォルト・モード・ネットワーク』という脳《のう》の働きによって〝ひらめき〟や思いがけない着想が生まれると言われます。

彼《かれ》の研究は、『化学反応理論《りろん》』と言って『マックスウェルの電磁《でんじ》気学』を応用したものですが、この理論《りろん》では説明のつかない化学反応があって独自の理論《りろん》を模索《もさく》します。そして、１９５２年、化学に量子力学という最新の知見を持ち込《こ》んだ『フロンティア軌道理論《きどうりろん》』を発表、世界の化学界に衝撃《しょうげき》を与《あた》えました。博士のひらめきとメモが、〝大胆《だいたん》〟と称《しょう》された理論《りろん》と化学のフロンティアを築いたのです。

若《わか》い人はもっと挑戦《ちょうせん》の精神を
持つことが大切です。
自然に親しんで
本物と出会おう。

白《しら》川《かわ》英《ひで》樹《き》

1936～
化学者、東京工業大学工学博士、筑波大学名誉《めいよ》教授、
2000年ノーベル化学賞、文化功労者、文化勲章《くんしょう》

「自然」はロゴス（論理《ろんり》や言葉）の対極にあるものです。人は言葉で説明しようとしますが、時間や生命や心など、ただ〝あるがまま〟にある〝自然〟は、自分の眼で自分の眼を見ることが出来ないように、言葉で捉《とら》えることは出来ないと言われます。「自然」は、そこに親しむことで受け入れ、はじめて「本物」の姿《すがた》を見せるのかもしれません。

かつて、プラスチックは電気を通さないと言われていましたが、伝導性高分子ポリマーを発見してこの常識をひっくり返した福井《ふくい》謙一《けんいち》さんが、その発見と開発の功績《こうせき》により２０００年、ノーベル化学賞を受賞しました。

この発見は、それより33年前の１９６７年、ポリアセチレンの合成実験で、触媒《しょくばい》の量を間違《まちが》えて実験した結果出来た〝偶然《ぐうぜん》の産物〟だと言われます。「偶然《ぐうぜん》の結果でも〝なぜ？〟と疑問《ぎもん》を追求したことが新しい道を拓《ひら》いた」と博士は語っています。偉大《いだい》な業績を上げた多くの科学者が、博士と同じようにロゴス（論理《ろんり》）ではないものに導かれて思わぬ発見をしています。〝探求心《たんきゅうしん》〟を持って〝挑戦《ちょうせん》〟する人には、自然の女神がベールを脱《ぬ》いで本物の姿《すがた》をあらわすのでしょう。

ソクラテスは
「無知の知」と言っていますが、
科学教育の本質は
まさにここにある。

野《の》依《より》良《りょう》治《じ》
1938〜
化学者（有機化学）、1998年文化功労者、
2000年文化勲章《くんしょう》、2001年ノーベル化学賞

「無知の知」はソクラテスの有名な言葉で、人は〝自分が無知だという事に気づかない〟。しかし、自分は〝何も知らないということを知っている〟というものです。西洋のロゴス（論理《ろんり》）哲学《てつがく》は、この言葉からはじまったとも言われます。

医薬品や農薬などに広く利用される特殊《とくしゅ》な〝触媒《しょくばい》〟の研究が評価されて、2001年にノーベル化学賞を受賞した野《の》依《より》良治《りょうじ》さんは、科（化）学者なのに、哲学《てつがく》者の言葉を引用して科学教育の本質を説きました。近代まで科学は哲学《てつがく》の一環《いっかん》としての学問で垣根《かきね》はありませんでしたが、近年、それぞれが専門《せんもん》分野化して、全体像を見る学者がいなくなったと言われます。

博士が専門《せんもん》とする化学は、物質の化学反応で生み出された生命や進化などの自然を探求《たんきゅう》する学問。「知ってる」とか「そんなの科学で説明できる」という思い上がりを捨《す》てて〝無知の知〟に帰ることが重要だと博士は語りました。「研究で大切なのは〝大いなる驚《おどろ》き〟だ」。これも博士の言葉で、まだ、何も知らない、眼の前の出来事一つひとつに新鮮《しんせん》な驚《おどろ》きを覚える子どものような心を持つこと。それが、科学を学ぶ上でもっとも大切なことだと言っています。

人類を、全員イルカにしたい。

落《おち》合《あい》陽《よう》一《いち》

1987〜

研究者、メディアアーティスト、エッセイスト、筑波大学准教授・学長補佐

研究者の落合陽一《おちあいよういち》さんは、「デジタルネイチャー」というキーワード（カギとなる言葉）をベースに、メディアアートを研究・制作しています。

コンピュータなどの〝デジタル〟と、自然を意味する〝ネイチャー〟を組み合わせるって、どういうことなのでしょう？ 彼《かれ》は、西洋の合理主義やそこから生まれたモノとお金に執着《しゅうちゃく》する物質主義が、人間のこころを蝕《むしば》んで奴隷化《どれいか》しているとして、新しい価値観《かちかん》にもとづいた生き方を提唱しました。大切なのは、そんな物質的な欲望《よくぼう》に染《そ》まる前のピュアな子どもの心を持ち続けること。デジタル化した世界をアナログ世界に戻《もど》すことは出来ませんが、コンピュータを駆使《くし》して創造《そうぞう》的《てき》な価値《かち》を加速させることは出来ます。そして、創造的《そうぞうてき》な価値《かち》は、お金に執着《しゅうちゃく》する大人ではない子どもの持つピュアな〝自然力〟がバックボーンとなります。

「これから考えなければいけないのは、『お金』と『時間』のどちらを大切にするかという問題」「お金ではなく、価値《かち》に向き合え」と落合《おちあい》さんは言っています。「人類全員をイルカにしたい」という言葉には、人類全員がイルカ（子ども）のような心を持った未来社会になるようにとの、彼《かれ》の熱い想いが込《こ》められています。

人生
3万日しかない。

中《なか》川《がわ》翔《しょう》子《こ》
1985〜
バラエティアイドル、マルチタレント

〝しょこたん〟の愛称《あいしょう》で親しまれている中川翔子《なかがわしょうこ》さんは、『アキバ系《けい》タレント』の先駆《さきが》けとして活動を開始すると、インターネット文化の波に乗ってマルチな才能を開花。2004年に開設した『しょこたん☆ブログ』は若者《わかもの》の大きな共感を得て『新・ブログの女王』と呼《よ》ばれました。

しょこたんの『座右《ざゆう》の銘《めい》』は〝貪欲《どんよく》〟だそうです。趣味《しゅみ》や特技もマルチプル（多彩《たさい》）で、マンガやイラストを描《か》けば本になり、歌手デビューするとコンサートでキーボードやドラムをたたき、映画《えいが》やテレビ、演劇《えんげき》の舞台《ぶたい》では役者に変身。自作のヌンチャクでカンフーを披露《ひろう》したかと思うと、コスプレ好きが高じて『世界コスプレサミット』の親善《しんぜん》大使を務たりしました。まさに〝貪欲《どんよく》〟です。

そんな彼女《かのじょ》が「人生3万日しかない」と言いました。3万日はおよそ82年で、少し前の女性の平均寿命《じゅみょう》。今は88歳《さい》くらいで、男性がやっと82歳《さい》に近づきました。これを長いと見るか短いと思うかは人それぞれですが、どちらにしても健康寿命《じゅみょう》であって欲《ほ》しいものです。〝貪欲《どんよく》〟を〝渇望《かつぼう》〟にエネルギー変換《へんかん》すると、それは生きる意欲《いよく》、〝希望〟となります。しょこたんの〝☆〟は希望の星なのです。

今、必要なのは、
見返りを求めず、
自分の出来る範囲《はんい》で
他者のために支援《しえん》する
「贈与《ぞうよ》」の連鎖《れんさ》だ。

佐藤優《さとうまさる》
1960〜
作家、同支社大学神学部客員教授、
静岡文化芸術大学招聘《しょうへい》客員教授

作家の佐藤優《さとうまさる》さんは、元外務省国際情報局の分析《ぶんせき》官や外務省大臣官房《かんぼう》総務課課長補佐《ほさ》などを歴任したエリート官僚《かんりょう》で、神学修士号を持つクリスチャンでもあります。そんな彼《かれ》は、宗教《しゅうきょう》に関連した著作《ちょさく》をはじめ、元国際情報局分析《ぶんせき》官ならではの世界情勢を独自にわかりやすく紹介《しょうかい》した書籍《しょせき》を出版するなど、多彩《たさい》なジャンルの本を精力的に発表しています。

少し前に『世界は贈与《ぞうよ》でできている』という本が出版されて話題になりました。佐藤《さとう》さんが書いた本ではありませんが、テーマの言葉は彼《かれ》の眼から見た「贈与《ぞうよ》」をコロナ問題に結びつけて佐藤《さとう》さんが語ったものです。

この考えの背景《はいけい》には、１９００年頃《ころ》にフランスの人類学者・マルセル・モースが書いた『贈与論《ぞうよろん》』があります。モースは、世界中の文化や習俗《しゅうぞく》を調査して、争いのない平和で平等な社会づくりには、お金を貯めることよりもみんなで分かち合う『贈与《ぞうよ》』が欠かせない大切なことであることを世界にメッセージしました。

アメリカやカナダの先住民社会には、今も、民族間の貧富や身分の格差をなくすために『ポトラッチ』という〝贈与《ぞうよ》〟の祭りが継承《けいしょう》されています。

※『ポトラッチ』は、19世紀末から20世紀にかけて政府によって禁止されましたが、今も一部の先住民社会に根強く残っています。

歴史は進歩なんかしない。
ただ、変化するだけだ。

小林秀雄《こばやしひでお》

1902〜1983
文芸評論家《ひょうろんか》、編集者、作家、
1963年文化功労者、1967年文化勲章《くんしょう》、
1978年日本文学大賞

『考えるヒント』や『無常という事』などの著作《ちょさく》で知られる小林秀雄《こばやしひでお》さんは、近代日本の文芸評論《ひょうろん》を確立した先駆《せんく》者と言われています。

作曲家のモーツァルトから詩人のランボー、小説家のドストエフスキー、日本の作家・泉鏡花《いずみきょうか》や志賀直哉《しがなおや》、さらに江戸時代の国学者で医者の本居宣長《もとおりのりなが》にいたるまで、歴史や国境を越《こ》えた彼《かれ》の評論《ひょうろん》活動は高く評価され、多くの作家や後進の評論《ひょうろん》家たちに大きな影響《えいきょう》を与《あた》えました。

『考えるヒント』の中に、「考えるとは、物に対するたんに知的な働きではなく、物と親身に交わる事だ」という一文があります。〝惣《そう》〟という漢字がありますが、一般《いっぱん》に鎌倉時代の自治組織を言う時に使われるこの漢字は、本来〝物〟と〝心〟が一つになった「すべて」をあらわすもの。考えるとは、自分の心のように物と親身に交わることで全体像が見えてくると彼《かれ》は言っているのです。

「知恵《ちえ》は歴史を経ても少しも進歩していない。たとえば約2千5百年前に書かれた『論語《ろんご》（孔子《こうし》の教え）』以上の知恵《ちえ》が現代人にありますか？」そう小林《こばやし》さんは問いかけ、「歴史はただ変化するだけだ」と言いました。

男性の葛藤《かっとう》や
自己顕示欲《じこけんじよく》は、
クジャクの羽みたいなもの。

長谷川真理子《はせがわまりこ》
1952〜
人類学者（行動生態学・自然人類学）、
総合研究大学院大学学長・教授、日本人間行動進化学会会長

『クジャクの雄《おす》はなぜ美しい?』や『雄《おす》と雌《めす》の数をめぐる不思議』などの著者《ちょしゃ》・長谷川《はせがわ》真理子《まりこ》さんは、〝進化生物学〟の観点から人間の行動・性向を研究する『進化心理学』が専門《せんもん》で、男性の行動を〝雄《おす》のクジャク〟のようだと言っています。彼女《かのじょ》は〝殺人行動研究の第一人者〟とも称《しょう》されて、取り返しのつかない大きな事件の多くは、葛藤《かっとう》や自己顕示欲《じこけんじよく》がコントロール不能になった時に起こると考え、人間心理の面から「進化」をひも解いていきます。

有名なチャールズ・ダーウィンの『進化論《ろん》』は、時の権力《けんりょく》者や時代によって都合よく解釈《かいしゃく》されたりして、真実が見えにくくなったと言われます。たとえば、「進化が起こると生物は進歩する」と考える人がいますが、長谷川《はせがわ》さんは、進化は進歩とは別物で、変化にすぎないと言います。ダーウィンの継承《けいしょう》者とも言われるリチャード・ドーキンスは〝利己的《りこてき》な遺伝子《いでんし》〟という説を唱えましたが、これも遺伝子《いでんし》が意思を持つように捉《とら》えられて「ちょっと? かな」と疑問符《ぎもんふ》を付けました。

「行動」という外側と「心理」という内側の両面から、クジャクの羽は葛藤《かっとう》や自《じ》己顕示欲《こけんじよく》から〝見た目ゴージャス〟になったという説には説得力がありそうです。

※少し前に、「生き残るのは変化出来る人」という珍説《ちんせつ》が話題になりましたが、これは「進歩」と同じ考え方で、長谷川《はせがわ》さんの言う「変化」とは違《ちが》います。

いちばんの強敵と闘《たたか》いたい。
自分の最大の敵は
自分だろう。

吉《きっ》川《かわ》晃《こう》司《じ》

1965〜
ロックミュージシャン、シンガーソングライター、俳優《はいゆう》

ロックミュージシャンで俳優《はいゆう》の吉川晃司《きっかわこうじ》さんは、30の伝説を持った〝男気あふれる体育会系《けい》〟で「戦場に出たら帰ってこないタイプ」だそうです。「ロックを愛し、見得《みえ》を切って生きるタイプ」の人間として、アウトサイダーの匂《にお》いがする人が好きだとも語っています。そして「最大の敵は自分だろう」と言いました。

アウトサイダーは、社会の既成《きせい》の枠組《わく》みに捉《とら》われず、独自の考えや信念で行動する人のこと。誰《だれ》にも頼《たよ》らず、折れることなくひたすら自分の信じる道を突《つ》き進む、いい意味での〝アウトロー（無頼漢《ぶらいかん》）〟です。

『三国志』という物語を知っていますか？　中国の後漢末期から三国時代（１８０年～２８０年頃《ころ》）にかけて群雄割拠《ぐんゆうかっきょ》した「魏《ぎ》・蜀《しょく》・呉《ご》」という三国の興亡《こうぼう》を描《えが》いたもので、劉備元徳《りゅうびげんとく》や諸葛孔明《しょかつこうめい》、関羽《かんう》、曹操《そうそう》などの英傑《えいけつ》が登場して知略を競う物語です。正確には『三国史演義』といって、人物が誇張《こちょう》されて描《えが》かれていますが、吉川《きっかわ》さんはこの物語が好きで、とくに〝悪役〟として描《えが》かれている曹操《そうそう》に共感を覚えるそうです。曹操《そうそう》はじつは名将《めいしょう》で、そのことが最近発見された彼《かれ》の陵墓《りょうぼ》からわかりました。吉川《きっかわ》さんは、自分と同じ匂《にお》いを彼《かれ》に感じたのでしょう。

日本文化の原理は、
草も木も生きものだという
人類の原初的な考え方だ。

梅《うめ》原《はら》猛《たけし》

1925〜2019
哲学《てつがく》者、国際日本文化研究センター名誉《めいよ》教授、
1999年文化勲章《くんしょう》、2019年従三位《じゅさんみ》

群雄《ぐんゆう》が割拠《かっきょ》した『三国志』は、魏《ぎ》を基盤《きばん》とする「晋《しん》」によって天下統一がはかられました。その頃《ころ》の日本は弥生時代で、『邪馬台国《やまたいこく》』という国を女王「卑弥呼《ひみこ》」が統治していたことが中国の歴史書『魏志倭人伝《ぎしわじんでん》』に記されています。

でも、不思議なことに、『邪馬台国《やまたいこく》』が日本のどこにあったのかよくわかっていません。九州説と畿内《きない》（奈良県）説の二つが有力視《ゆうりょくし》されていますが、いまだに決着がつかないのです。哲学《てつがく》者の梅原猛《うめはらたけし》さんは古代史にも造詣《ぞうけい》（知識）が深く、『「葬《ほうむ》られた王朝」古代出雲の謎《なぞ》を解く』という本の中で、弥生時代の日本文化の中心は日本海の出雲（島根県）ではないかという斬新《ざんしん》な説を唱えました。

彼《かれ》は、近代の西洋哲学《てつがく》にも批判的《ひはんてき》で、自分自身の眼から世界を読み解く壮大《そうだい》な『人類哲学《てつがく》』を構想します。そして、日本文化の原理は「草木国土悉皆成仏《そうもくこくどしっかいじょうぶつ》」にあると言いました。これは、〝アニミズム〟という、生物や無生物を問わずすべての自然の中に魂《たましい》が宿るという古代からの宗教的《しゅうきょうてき》な考え方です。人間中心の傲慢《ごうまん》な近代文明から距離《きょり》を置いて、そろそろ自分たちを生んだ母なる自然を大切にする生き方をしませんかと、人類哲学《てつがく》者は原点回帰を促《うなが》しました。

この国には、
巨大《きょだい》な時空の歪《ゆが》みが
存在《そんざい》している。

水《み》無《なし》田《た》気《き》流《りう》
1970～
詩人、社会学者

詩人の水無田《みなした》気流《きりう》さんは、高齢化《こうれいか》やジェンダー（性別）など、現代社会のさまざまな問題と取り組む『社会学者』というもう一つの顔を持っています。

詩人の鋭《するど》い感性と表現力で切り取られた社会や世界は、人体解剖《かいぼう》されるように見えなかった病巣《びょうそう》を可視化《かしか》されます。彼女《かのじょ》には、私《わたし》たちには見えないモノが見えているような感じです。古代ギリシャには『デルフォイの神託《しんたく》』という〝神のお告げ〟を知らせる「ピュティア（巫女《みこ》）」がいました。また、いち早く危機《きき》を察知して知らせる『カナリア理論《りろん》』というものがありますが、まさに気流《きりう》さんは現代の「ピュティア」で「カナリア」のようです。

「この国には、巨大《きょだい》な時空の歪《ゆが》みが存在《そんざい》している」と気流《きりう》さんは察知しました。時空の歪《ゆが》みが最大になると〝ブラックホール〟になりますが、早いうちに歪《ゆが》みを修正しないと日本だけでなく世界中がブラックホールに飲み込《こ》まれてしまいます。彼女《かのじょ》は、「他者への不寛容《ふかんよう》は、そこに正義があると信じられれば歯止めが利かなくなる」と言っています。歪《ゆが》みを修正する第一歩は、まず〝寛容性《かんようせい》〟を取り戻《もど》すこと。そして、本当の正義に目覚めることだと、気流《きりう》さんは告げました。

※『カナリア理論《りろん》』は、炭鉱の労働者たちが危険《きけん》な有毒ガスをいち早く察知するためにカナリアを入れた鳥かごを持って坑内《こうない》に入ったというお話からきています。

常識は破っても構わないが、
非常識であってはならない。

デーモン閣《かっ》下《か》

1962〜
ミュージシャン、タレント、ジャーナリスト

デーモン閣下《かっか》の悪魔界《あくまかい》での生年月日は、紀元前98038年11月10日だそうで、2020年時点で10万58歳《さい》になります。血液型もあちらの世界で言うと「θ（シータ）33式XD類別A666型」だそうです。オカルト映画《えいが》では、悪魔《あくま》の化身とされる「ダミアン」のしるしが〝666〟だから、何となく納得《なっとく》です。性別は「両性具有」。男性と女性の〝いいとこ取り〟をしています。

閣下《かっか》は人間界に降《お》りると、ロックやヘヴィメタルに夢中になって『聖飢魔Ⅱ《せいきまつ》』のボーカルをするなど、大胆《だいたん》にデーモンぶりを発揮《はっき》していましたが、1999年の世紀末に解散。その後はこちらの世界になじんだせいか、すごく人間っぽくなって大相撲《おおずもう》のコメンテーターなんかをするようになりました。

「常識は破っても構わない」というのは、いかにも〝デーモン〟の言葉ですが、「非常識であってはならない」は人間の言葉。まだ、人間界と悪魔《あくま》界の両界をさまよっているようです。もちろん、〝デーモン〟も彼《かれ》の住んでいた「悪魔界《あくまかい》」もオカルト映画《えいが》に出てくる怖《こわ》い「悪魔《あくま》」ではなく、彼《かれ》がつくりあげた架空《かくう》の世界。世の中が平和ボケしないようにと、彼《かれ》が送り込《こ》んだ〝デーモン仮面〟なのでした。

私《わたし》は、真剣《しんけん》な試合中でも
笑顔でいることを
心掛《こころが》けています。

上地《かみじ》結衣《ゆい》
1994〜
車いすテニス選手

〝笑う門には福来る〟。笑うとストレスが解消され、お年寄りの認知症《にんちしょう》予防などにも効果があるとされます。車いすテニス選手の上地結衣《かみじゆい》さんは、ゲーム中も笑顔を絶やさないことで、「より自分を客観視《きゃっかんし》することが出来て、プレーも前向きになる」と言っています。

２０１９年の『全英オープン』で優勝《ゆうしょう》した渋野日向子《しぶのひなこ》さんは、つねにニコニコ顔のプレースタイルで世界のゴルフファンを魅了《みりょう》しました。「ユーモアは世界を救う」と言った人がいましたが、同様に「笑顔は自分を救う」とも言えそうです。結衣《ゆい》さんは好奇心《こうきしん》が旺盛《おうせい》で、テニスをはじめたのは小学校5年生の時に、お姉さんが中学校の軟式《なんしき》テニス部に入部したのを見て興味を持ったことがきっかけでした。〝好奇心《こうきしん》〟は〝チャレンジ精神〟へとつながります。

２０１４年、女子車いすテニスダブルスで史上3組目となる年間グランドスラムを達成。21歳《さい》１３５日の最年少記録として『ギネス世界記録』に認定《にんてい》されました。世界ランキング2位へと上りつめた結衣《ゆい》さんの次の目標は、２０２１年（予定）の東京オリンピック。ぜひ間近で彼女《かのじょ》の笑顔のプレーを見たいものです。

思えば70歳《さい》以前に描《か》いたものは
みな、取るに足りないものだった。

葛《かつ》飾《しか》北《ほく》斎《さい》

1760〜1849
江戸時代後期の浮世絵師《うきよえし》

あなたにはどんな〝クセ〟がありますか？〝遅刻《ちこく》グセ〟や〝怠《なま》けグセ〟などは少し直したほうがいいかもしれませんが、〝クセ〟は〝習慣〟で、いい習慣を身に付けると人格や運命さえもいい方に向かうと言われます

『富嶽百景《ふがくひゃっけい》』や『北斎漫画《ほくさいまんが》』などで知られる浮世絵師《うきよえし》・葛飾北斎《かつしかほくさい》さんの〝クセ〟は、モノを描《か》き写す〝写生グセ〟でした。6歳《さい》の頃《ころ》からはじまったこの〝クセ〟が、90年にわたる生涯《しょうがい》で、3万点を超《こ》える作品を生み出すことになります。しかも、本格的に描《か》きはじめたのは50歳頃《さいごろ》と言いますから、40年間で3万点近くを創作《そうさく》したということで、1年に約750作品を描《か》き続けた計算になります。

江戸時代後期、町民文化が花開いて小説家の本が人気を呼《よ》ぶと、彼《かれ》は本の挿絵《さしえ》を描《か》いて好評を博します。でも彼《かれ》が本領を発揮《はっき》するのは70歳《さい》を過ぎてから。一大傑作《けっさく》と呼《よ》ばれる『富嶽三十六景《ふがくさんじゅうろくけい》』もその頃《ころ》描《か》かれたもので、この作品には印象派《は》の画家・ゴッホが大きな影響《えいきょう》を受けたと言われ、『世界の美術史の記念碑《きねんひ》的作品』と称《しょう》されています。子どもの頃《ころ》の〝クセ〟が、やがて世界から絶賛される作品を生み出したのです。いい〝クセ〟も悪い〝クセ〟も活かし方次第なのです。

実際のところは、私《わたし》は不器用で
実験はよく失敗する。
ただ簡単《かんたん》にはあきらめない。

下村《しもむら》 脩《おさむ》
1928〜2018
生物学者（有機化学、海洋生物学）、
2008年ノーベル化学賞、文化功労者、文化勲章《くんしょう》

発光生物という不思議な生き物がいます。陸上では蛍《ほたる》が有名ですが、海中にもイカやクラゲ、チョウチンアンコウなど、発光によって求愛したり、エサをおびき寄せる生物がたくさんいます。下村《しもむら》脩《おさむ》さんは、この発光生物の研究を重ねてオワンクラゲの「緑色傾向《けいこう》タンパク質」を発見。生命科学や医療《いりょう》研究の発展《はってん》に寄与《きよ》したとして、２００８年にノーベル化学賞が授与《じゅよ》されました。

〝不器用でよく失敗をする〟博士は、「私《わたし》は、普通《ふつう》以下の子どもでした。記憶《きおく》力は悪かったし、身体も弱かった」と言っています。でも、何かに興味を持ってやりはじめたらとことん追求して、つまづいてもけっしてあきらめなかったそうです。そして「どんな難《むずか》しいことでも、あきらめずに努力すればなんとかなる」と言いました。博士は、努力することで、普通《ふつう》以下の人でも一流の学者になれることを証明してみせたのです。

賞や名誉《めいよ》などに関心がなく、ノーベル賞に驚《おどろ》いて〝受賞は天の導き〟と語った博士は、そのきっかけとなった発見も〝思わぬ偶然《ぐうぜん》〟と言いました。謙虚《けんきょ》さを失わず、失敗しても一途《いちず》に研究活動を続けた博士に天が微笑《ほほえ》んだのかもしれません。

風呂《ふろ》に入って早く寝《ね》て、
明日また元気に出てこい。

鈴《すず》木《き》章《あきら》

1930〜
化学者、北海道大学名教授、北海道大学触媒《しょくばい》科学研究所特別招聘《しょうへい》教授、
2010年ノーベル化学賞、文化功労者、文化勲章《くんしょう》

よく遊び、よく学ぶ。2010年にノーベル化学賞を受賞した鈴木章《すずきあきら》さんは、子どもの頃《ころ》、仲間たちと野球をしたり魚釣《つ》りをしたりしてよく遊んだそうです。そのいっぽう、トイレにも本を持って入ったり、歩きながら本を読んだりするほどの読書好きで、付けられたあだ名が〝二宮金次郎《にのみやきんじろう》〟でした。

新型コロナウイルスの影響《えいきょう》で何かと制約がありますが、「よく遊び、よく学ぶ」ことはバランスのとれた心身の成長に欠かせない大切なことです。そんな博士は、成長すると大学の教官に就《つ》きますが、人付き合いが良く、おおらかな性格で生徒たちや周囲の人たちに慕《した》われました。テーマの言葉は、研究の実験で失敗して落ち込《こ》んだ生徒をビアホールに誘《さそ》った時に博士が言った励《はげ》ましの言葉です。

博士は、1979年に元素のパラジウム触媒《しょくばい》を用いてハロゲン化合物と有機ホウ素化合物を結びつける『鈴木《すずき》・宮浦《みやうら》カップリング』という画期的な合成法を開発。これがノーベル賞へと結びつきました。このカップリング技術は取り扱《あつか》いが容易で、使用条件も制限が少なく、抗《こう》がん剤《ざい》などの医薬品から殺菌剤《さっきんざい》などの農薬、液晶《えきしょう》、有機ELディスプレイまで幅《はば》広い分野で活用されています。

真実は誰《だれ》にもわからないが、
真実でないことを一つひとつ取り除《のぞ》けば、
真実に近づくことが出来る。

根《ね》岸《ぎし》英《えい》一《いち》

1935〜
化学者、北海道大学触媒《しょくばい》科学研究所・パデュー大学特別教授、
2010年ノーベル化学賞、文化功労者、文化勲章《くんしょう》

2010年のノーベル化学賞は、鈴木章《すずきあきら》さんと根岸英一《ねぎしえいいち》さんの二人に授与《じゅよ》されました。根岸《ねぎし》博士は、有機亜鉛《あえん》化合物と有機ハロゲン化合物とをパラジウムやニッケル触媒《しょくばい》に結びつけて新しい生成物をつくる『根岸《ねぎし》カップリング』を発見した業績での受賞で、真実に少しずつ近づく、その大きな一歩となりました。

「炭酸ガス（二酸化炭素（CO_2））は有機物の素なので、悪者であっては困《こま》る」。化学者の眼から見た炭酸ガスへの想いを博士はこう語っています。そして、現在の有機化学のもっとも大きな課題に「植物の光合成のようなことをどう科学的にやるか」を挙げました。

植物は、炭酸ガスを吸収《きゅうしゅう》して酸素を出し、エネルギーを取り出します。地球が誕生《たんじょう》して20億年が経過した頃《ころ》、植物が繁栄《はんえい》して大気中の酸素が増大しました。そのおかげで生物種が増え、私《わたし》たち人類も恩恵《おんけい》を受けています。宇宙《うちゅう》に満ちる炭素は生命の素であり、植物の炭素源《たんそげん》として二酸化炭素は欠かせないものです。今、地球温暖化《おんだんか》の要因として〝悪者〟扱《あつか》いされるこの炭酸ガスを光合成する科学的手法が開発されたら、ノーベル賞の二つや三つは取れると博士は言っています。

数学は、概念《がいねん》（考え）として、
およそ紀元前7万年にモサピエンス（人類）が、
動物や人、モノの数を数えることから
はじまったと考えられています。
その後、紀元前2万年頃《ころ》になると、エジプトで
「かけ算」がおこなわれるようになり、
ギリシャや中国などに拡《ひろ》がって発展《はってん》していきます。
〝負数（マイナス）〟の概念《がいねん》は古代中国で、

“0（ゼロ）”は紀元7世紀頃《ころ》のインドで
生まれたとされます。それよりも前に、
紀元前のシュメール文明やマヤ文明でも、“0”が
プレースホルダー（仮の数字）として使われていましたが、
概念《がいねん》としてはじめて数学に使われたのがインドで、
人類史の中でも革新的《かくしんてき》な発見の一つと言われています。
この発見が、やがて、複雑な方程式を解き、
コンピュータの誕生《たんじょう》へとつながっていきます。

不吉なものは、根拠《こんきょ》もなく信じるのはおろかです。

里中満智子《さとなかまちこ》

1948〜

漫画《まんが》家、大阪芸術大学教授、日本漫画家協会理事長

里中満智子《さとなかまちこ》さんは、小学生の頃《ころ》から手塚治虫《てづかおさむ》の『鉄腕《てつわん》アトム』を愛読し、中学生になると漫画《まん》家《が》になりたいと思ったそうです。〝漫画《まんが》の神様〟と言われた手塚《てづか》治虫《おさむ》は医師で、歴史や科学にも詳《くわ》しく、学者が漫画《まんが》を描《か》いているような深みとスケールがありました。そんな彼《かれ》に里中《さとなか》さんは大きな影響《えいきょう》を受けます。

幅《はば》広い知識がなければ漫画《まんが》家になれない。そう思った彼女《かのじょ》は、図書館の本を読み漁《あさ》り、学んだ知識を活かして描《か》いた作品で新人漫画《まんが》賞を受賞。わずか16歳《さい》で漫画《まんが》家デビューとなりました。早熟《そうじゅく》で天才肌《てんさいはだ》の彼女《かのじょ》は、その後、ギリシャ神話や日本の神話をモチーフ（題材）にした作品を次々と発表します。

テーマの言葉は、彼女《かのじょ》の代表作『天上の虹《にじ》』の中で、虹《にじ》を不吉《ふきつ》とする草壁皇子《くさかべのおうじ》に讃良《さらら》（持統天皇《じとうてんのう》）が言った言葉です。また、見たことのないモノには「どんなものかわからなければ怖《こわ》がりようがないわ」と言いました。この作品は2015年に完結しましたが、〝不吉《ふきつ》〟なものは「根拠《こんきょ》のないフェイク」で、わからない未知のウイルスに怯《おび》える今の状況《じょうきょう》と似ています。〝不吉《ふきつ》〟も〝未知〟も、もとより自然の中にあるもの。怯《おび》えるのは、自然を理解出来ないからにほかなりません。

※『天上の虹《にじ》』は、飛鳥時代の女帝《じょてい》・持統天皇《じとうてんのう》（讃良《さらら》）の生涯《しょうがい》を描《えが》いた作品で、草壁皇子《くさかべのおうじ》は天武天皇《てんむてんのう》の皇后《こうごう》だった持統天皇《じとうてんのう》の息子です。

今、漫画《まんが》家として
大事にしている道具が二つあります。
想像力と言語（言葉）です。

ヤマザキマリ

1967〜
漫画《まんが》家、文筆家、東京造形大学客員教授、
2017年イタリアの星勲章《くんしょう》コメンダトーレ章

大ヒットした映画《えいが》『テルマエ・ロマエ』の作者として知られる漫画《まんが》家のヤマザキマリさんは、ミッションスクールに通っていた14歳《さい》の時に、1か月間ドイツとフランスを一人旅しました。その途上《とじょう》で、老齢《ろうれい》のイタリア人陶芸《とうげい》家から「すべての道はローマに通ずる。イタリアを訪《おとず》れないのはけしからん」と叱《しか》られたそうです。イタリア、いつか行ってやる！とその時思ったのでしょう。

お母さんの勧《すす》めもあって、彼女《かのじょ》は17歳《さい》で高校を中退すると単身イタリアに渡《わた》り、美術学院で美術史と油絵を学びながら11年間暮《く》らしました。その頃《ころ》の生活や経験が、やがて彼女《かのじょ》の独特なギャグマンガやエッセーに活かされることになります。２０１０年に『テルマエ・ロマエ』で漫画《まんが》大賞を受賞すると、世界各国の漫画《まんが》賞にノミネートされ、２０１７年にはイタリアの文化に貢献《こうけん》した芸術家として『イタリアの星勲章《くんしょう》コメンダトーレ章』を受章しました。

マリさんは、ペンや筆のように「想像力」と「言語」を〝道具〟だと言っています。道具は使いこなしてはじめて活かされます。「言語から生み出される想像力を使えば、あらゆることが開拓《かいたく》していける」。そう彼女《かのじょ》は語っています。

人が生きるのは、
答えをみつけるためでもないし、
誰《だれ》かと、何かと、競争するためなどでは、
けっしてありえない。

須《す》賀《が》敦《あつ》子《こ》
1929〜1998
随筆《ずいひつ》家、イタリア文学者

イタリアといえば、もう一人、『ルネサンスの女たち』を書いた歴史小説家で随筆《ずいひつ》家の塩野七生《しおのななみ》さんが有名ですが、さらにもう一人、イタリア文学者で随筆《ずいひつ》家の須賀敦子《すがあつこ》さんという人がいます。

14世紀、『ペスト』に襲《おそ》われたヨーロッパでは、パンデミック（感染爆発《かんせんばくはつ》）が収束《しゅうそく》すると『ルネサンス（文芸復興）』が花開きました。イタリアからはじまったこの〝文芸復興〟は、ペストから立ち直ろうとした当時の人々の〝生きる強い意志〟から生み出されたのではないかと多くの学者が考えています。

そんなイタリアに魅《み》せられて、須賀《すが》さんは20代から30代が終わるまで17年間をこの国で過ごしました。彼女《かのじょ》がイタリア文学の翻訳《ほんやく》者として脚光《きゃっこう》を浴びるのは日本に帰国した50代以降《いこう》で、１９９１年、61歳《さい》の時にはじめて書いた随筆《ずいひつ》『ミラノ霧《きり》の風景』で二つの賞を受賞します。本はミラノの風物を回想的に描《えが》いたものですが、〝ミラノの霧《きり》の匂《にお》い〟を記憶《きおく》の断片《だんぺん》からよみがえらせる書き出しは皮膚《ひふ》感覚と嗅覚《きゅうかく》を刺激《しげき》して、読む人を幻想的《げんそうてき》な霧《きり》の中へといざないます。競争よりも共感。一度彼女《かのじょ》の本を、皮膚《ひふ》と匂《にお》いで味わってみてはいかがでしょう。

人生も、将棋《しょうぎ》も、
勝負は常に
負けた地点からはじまる。

加藤《かとう》一二三《ひふみ》（ひふみん）

1940〜
将棋棋士《しょうぎきし》、仙台白百合女子大学客員教授、
2000年紫綬褒章《しじゅほうしょう》、2018年旭日小授賞《きょくじつしょうじゅしょう》

「負けた直後に自信が生まれて強くなる。負けた時ほど己《おのれ》と徹底的《てっていてき》に向き合う」と言葉は続きます。1954年に4段《だん》に昇進《しょうしん》し、14歳《さい》7か月で史上初の中学生棋士《きし》となった〝ひふみん〟こと加藤《かとう》一二三《ひふみ》さんのこの記録は、藤井聡太《ふじいそうた》さんが更新《こうしん》するまで62年間にわたって維持《いじ》されました。藤井《ふじい》さんのプロデビュー戦の相手が〝ひふみん〟さんで、藤井《ふじい》さんが勝利して記録が塗《ぬ》り替《か》えられたのでした。

1958年4月1日付で18歳《さい》3か月でのA級8段《だん》となる偉業《いぎょう》を達成した時は、〝神武《じんむ》以来の天才〟と呼《よ》ばれて大きな反響《はんきょう》を巻《ま》き起こしました。この記録は、藤井《ふじい》2冠《かん》もプロデビューの時点で、当時の順位戦の規定では更新《こうしん》不可能と言われました。通算1324勝を挙げ、そのうちの90パーセントは〝名局〟だったと〝ひふみん〟さんは誇《ほこ》らしげに語りました。そして「全力投球でやってきたので、たとえ1000敗しても恥《は》ずかしくない」と言いました。

1000敗したら、1000の自信が生まれる。その自信が強さとなって1324勝の記録を生んだのです。〝神武《じんむ》以来の天才〟は、2017年に現役引退すると、そのチャーミングな人柄が人気を呼《よ》んで、今、テレビなどで活躍中です。

負けを教訓に出来る人が、
他の人よりも
ちょっと勝てるんじゃないかな。

武《たけ》豊《ゆたか》
1969〜
日本中央競馬会（JRA）騎手《きしゅ》

騎手《きしゅ》の武豊《たけゆたか》さんは、〝常勝〟のイメージがあって、負けを知らない人だと思われがちです。確かに彼《かれ》は、ファンの期待を背負《せお》ってレースに臨《のぞ》み、プレッシャーと闘《たたか》いながら名勝負をくり広げて数々のレースを制覇《せいは》、『日本競馬会のレジェンド（伝説）』と称《しょう》されました。でも勝率は20パーセントに満たず、負けた数のほうが圧倒的《あっとうてき》に多いと彼《かれ》は語っています。

１９８７年、デビュー戦を優勝《ゆうしょう》で飾《かざ》り、新人最多記録を27年ぶりに更新《こうしん》して『ＪＲＡ賞最多勝利新人騎手《きしゅ》』を受賞して以来、彼《かれ》のＧ１勝利数は地方・海外を含《ふく》めて１００勝以上、２０２０年時点で通算４２００勝を達成しましたが、その陰《かげ》には2万回以上の敗戦があったのです。

人は、負けた数だけ強くなると言われます。彼《かれ》は「負けを教訓に出来る人が、他の人よりもちょっと勝てるんじゃないかな」と言っています。そして「馬とともに走り、馬とともに勝つのは、人生をかけて追い求めるのにふさわしい巨大《きょだい》な謎《なぞ》だ」とも語りました。彼《かれ》の最終ゴールは巨大《きょだい》な〝謎《なぞ》〟の解明で、勝利はその一つの通過点に過ぎないようです。

落ち込《こ》んでいるヒマがあったら、
練習（勉強）しろって。

井《い》上《の》尚《うえ》弥《なおや》

1993〜
プロボクサー

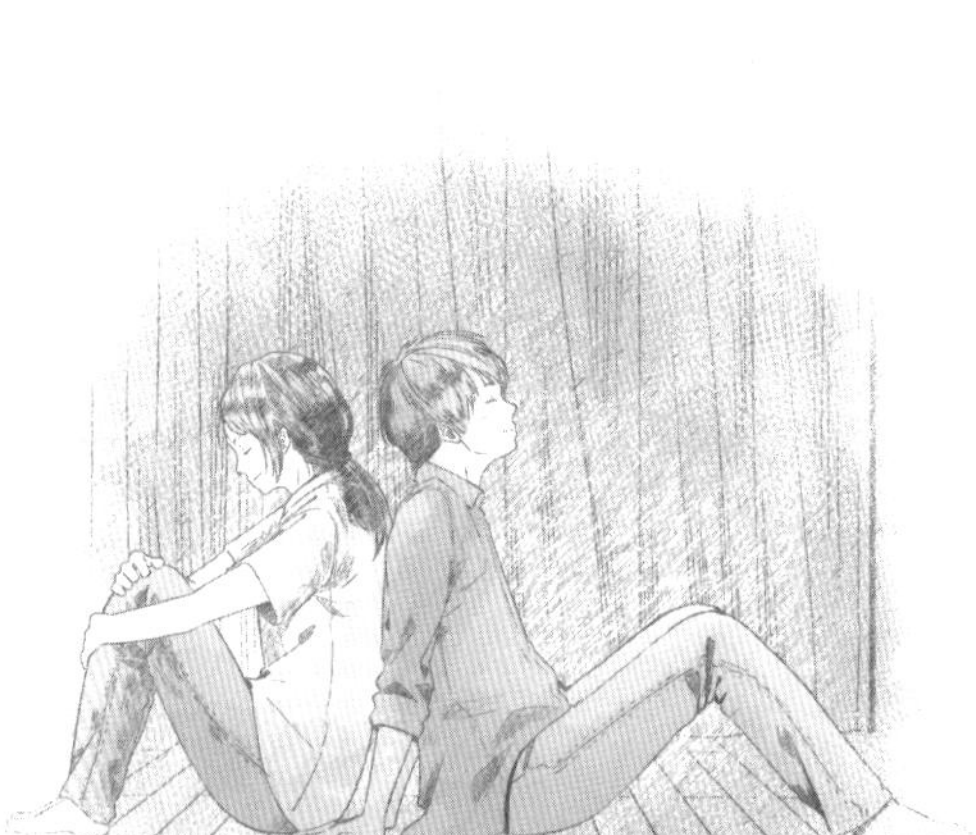

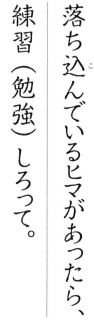

圧倒的《あっとうてき》な強さから『怪物《かいぶつ》（モンスター）』と呼《よ》ばれ、完璧《かんぺき》に近いボクシングスタイルから〝日本ボクシング史上最強にして最高傑作《けっさく》〟とも称《しょう》されるプロボクサーの井上尚弥《いのうえなおや》さんは、〝練習の虫〟です。

「誰《だれ》よりも練習を積んできた自信があるから、大きく見せる必要もない」

「１００パーセントの準備（練習）をして負けたなら、それは相手が強いだけ」。

そんな井上《いのうえ》さんには〝落ち込《こ》んでいるヒマ〟がありません。そして〝練習の虫〟は、リングに上がると〝鬼《おに》〟に変身します。

アマチュア時代には、日本ボクシング史上初の高校生にして７つのタイトルを獲得《かくとく》。プロ転向後も、世界最速記録に次ぐ８戦目での２階級制覇《せいは》を成し遂《と》げて世界の注目を浴びるようになります。プロ・アマを通じて一度もダウンを奪《うば》われたことがないという〝モンスター〟は、世界的な大手ボクシング専門《せんもん》ニュースサイトで『２０１４年の年間ＭＶＰ』に日本人史上はじめて選出されました。

「今日という日にやり残したことがないか振《ふ》り返る」と彼《かれ》は言っています。真《しん》剣《けん》に練習（勉強）すれば、本番（試験）の結果に悔《く》いが残らないということです。

物を書く時に
ついつい自分の想いや感情を
書いてしまいがちですが、
情景が浮《う》かぶように
書かなければなりません。

夏《なつ》井《い》いつき

1957〜
俳人《はいじん》、エッセイスト

「うっとおしい！」「頭《ず》が高い!!」。これは、俳句《はいく》をつくる人気のテレビ番組で、俳人《けいじん》の夏井《なつい》いつき先生が芸能界の大御所《おおごしょ》・梅沢富美男《うめざわとみお》さんに放った言葉です。「名人」になって少し調子に乗った梅沢《うめざわ》さんは、言われて、叱《しか》られた子どものように〝じゅん〟としてしまいました。毒舌《どくぜつ》家の彼《かれ》も先生の毒舌《どくぜつ》にはかなわないようです。『詩』には、『自由詩』『定型詩』『散文詩』があり、『自由詩』『散文詩』は制約がありませんが、『定型詩』の『短歌』や『俳句《はいく》』は五・七・五・七・七（短歌）、五・七・五（俳句《はいく》）で成り立ちます。たった17文字で情景が浮《う》かぶように書かないと『俳《はい》句《く》』にならないと夏井《なつい》先生は言いました。難《むずか》しい！ですね。

詩人・三好達治《みよしたつじ》に「太郎《たろう》をねむらせ、太郎《たろう》の屋根に雪ふりつむ。二郎《じろう》をねむらせ、二郎《じろう》の屋根に雪ふりつむ」という詩があります。「春の星シノゴザウルス眠《ねむ》る海」。これは、夏井《なつい》先生の講演会を訪《おとず》れた来場者の一人がつくった俳句《はいく》で、恐竜《きょうりゅう》シノゴザウルスのように騒《さわ》いでいた子どもたちも、今頃《ごろ》は星降《ふ》る屋根の下で静かに眠《ねむ》っているだろうと、想いを句にしたものです。二つともシチュエーション（状況《じょうきょう》）が似ていて、どちらも情景が浮《う》かんでくるという点で引用してみました。

※シノゴザウルスは、講演会で行った地元の「シノゴ島」が、学校から見ると恐竜《きょうりゅう》のように見えることから、子どもたちにそう呼《よ》ばれているそうです。

さまざまな偶然《ぐうぜん》を、
「必然」に変えてゆくのは、
自分しかいない。

俵万智《たわらまち》
1962〜
歌人

「『この味がいいね』と言ったから、七月六日はサラダ記念日」。この歌、聞いたことありませんか？ 1987年に発表された『サラダ記念日』という口語短歌で、どこにでもありそうな日常の一こまを、普段着《ふだんぎ》のように〝ふだん語〟でさらりと詠《よ》むことで、それまでの『短歌』を一変させたと言われる歌です。

詠《よ》んだのは俵《たわら》万智《まち》さん。天才歌人・与謝野《よさの》晶子《あきこ》の再来とまで言われ、『サラダ記念日』は300万部を超《こ》える、歌集として異例《いれい》の大ヒットとなりました。社会現象を引き起こし、一躍《いちやく》歌壇《かだん》のスターとなった彼女《かのじょ》は、〝ライトヴァース（軽やかな短歌）の騎手《きしゅ》〟として次から次へと新しい歌を発表していきます。

「『嫁《よめ》さんになれよ』だなんて、カンチューハイ二本で言ってしまっていいの」。

これも万智《まち》さんの歌で、テーマも素材も、カタカナを多用した口語体の言葉も、どれも軽やかです。爽《さわ》やかな風が頬《ほほ》をなでて通り過ぎていくようだと言った人がいましたが、まさに〝風〟のようです。風のように通り過ぎる〝偶然《ぐうぜん》〟を、彼女《かのじょ》は歌に詠《よ》むことで〝必然〟に変えていきます。モノや出来事を逃《にが》さず、しっかりつかむ研ぎ澄《す》まされた感性と意思の力が、世界に意味を見出すのです。

人は誰《だれ》しも
唯一無二《ゆいいつむに》の存在《そんざい》である。

中島《なかじま》みゆき
1952〜
シンガーソングライター、ラジオパーソナリティ

シンガーソングライターの中島《なかじま》みゆきさんを一言で表現するのは難《むずか》しいですが、あえて言えば〝朝寝坊《ねぼう》のスロースターター〟で、〝寄り道好きな人〟。彼女《かのじょ》は、幼稚園《ようちえん》の頃《ころ》、「トロくて、幼稚園《ようちえん》から帰ると家の前にしゃがみ込《こ》んで〝アリンコ〟を見たりしながら、中へ入るまで2時間半かかる子」だったそうです。

大学では国語の先生をめざして教職課程を取り、教員実習にも行きましたが、朝が苦手《にがて》すぎて先生を断念、今の仕事に就《つ》いたと言います。

〝失恋《しつれん》歌の女王〟と言われ、〝女の情念を歌わせたら日本一〟と称賛《しょうさん》された彼女《かのじょ》は、トレンディな楽曲でヒットを飛ばす松任谷由実《まつとうやゆみ》さんと対比されて「太陽と月」、「光と影《かげ》」などと言われました。しかし、〝月〟や〝影《かげ》〟にたとえられた中島《なかじま》さんは、暗さも明るさも両方持ち合わせて、二つがバランスよく釣《つ》り合っているから発信力があるのだと思います。歌も失恋《しつれん》歌ばかりではなく、大ヒットした『地上の星』などは〝光〟そのもので、地上の人々を明るく照らし出しました。テーマの言葉は、1991年発売のアルバム『歌でしか言えない』に収録《しゅうろく》された『永久欠番』のテーマで、中学校教科書『新しい国語3』に引用されました。

一生生徒。
私《わたし》の仕事のいいところは、
いろいろな役をやって
その中で学べることです。

吉永《よしなが》小百合《さゆり》

1945〜
女優《じょゆう》、歌手、
2006年紫綬褒章《しじゅほうしょう》、2010年文化功労者

1960年代の日本映画界《えいがかい》に一大旋風《せんぷう》を巻《ま》き起こした女優《じょゆう》の吉永《よしなが》小百合《さゆり》さんは、まさに〝生きる伝説〟です。〝サユリスト〟と呼《よ》ばれる彼女《かのじょ》の熱烈《ねつれつ》なファンは、一般《いっぱん》の邦画《ほうが》ファンから芸能人や著名《ちょめい》人にいたるまで、幅《はば》広い層《そう》の人たちに拡《ひろ》がって圧倒的《あっとうてき》な人気を博しました。

「体験していないことを伝える、私《わたし》の職業というのは常にそういうことをしています」と小百合《さゆり》さんは言っています。普通《ふつう》、人は自分の体験を伝えますが、女《じょ》優《ゆう》である彼女《かのじょ》は、演じながら他者になりきることで体験していないことを実際に体験したように演じます。10代の頃《ころ》、彼女《かのじょ》は日記に「私《わたし》は生きている限り演技している。生のままの自分などというものは、とうの昔にどこかに葬《ほうむ》られてしまった」と書いています。女優《じょゆう》になることへの気概《きがい》と覚悟《かくご》が感じられる言葉です。

この気概《きがい》は、映画《えいが》だけでなく、広島の被爆《ひばく》体験を「詩の朗読《ろうどく》」で伝えるボランティア活動にもいかんなく発揮《はっき》されます。戦後生まれの人には戦争体験の話は出来ませんが、想像することは出来ます。「一生生徒」という謙虚《けんきょ》な心と挑戦《ちょうせん》する意欲《いよく》。それが彼女《かのじょ》の演技を磨《みが》き、想像の翼《つばさ》をより高みへと羽ばたかせるのです。

国民のための
政治がやりたいだけだ。
蟷螂《とうろう》の斧《おの》と
笑わば笑え。

田《た》中《なか》角《かく》栄《えい》
1918〜1993
政治家、第64・65代内閣《ないかく》総理大臣

第64・65代の2期にわたって内閣《ないかく》総理大臣を務めた田中《たなか》角栄《かくえい》さんは、尋常《じんじょう》高等小学校（今の小学校）を出ただけで、高校や大学にも行かずに総理大臣になりました。下層民《かそうみん》の家の出ながら天下統一を成し遂《と》げた太閤《たいこう》・豊臣《とよとみ》秀吉《ひでよし》みたいだと、当時のマスコミから『今太閤《いまたいこう》』と呼《よ》ばれ、絶大な人気を博しました。

尋常《じんじょう》高等小学校時代はよく勉強が出来て、級長をしたり、卒業式では総代として答辞《とうじ》を読んだと言われますが、彼《かれ》のパワー源《げん》は、〝たゆまぬ努力〟と〝あきらめない粘《ねば》り強さ〟。政界で頭角をあらわした角栄《かくえい》さんは、努力で培《つちか》った豊富な知識と頭脳《ずのう》、徹底《てってい》してやり抜《ぬ》く実行力から『コンピュータ付きブルドーザー』と呼《よ》ばれます。そして、『日中国交正常化』や『金大中事件』、『第一次オイルショック』などの難《むずか》しい政治課題と取り組み、多くの業績を残しました。

テーマの言葉にも、彼《かれ》の実直でストレートな性格がよくあらわれています。〝蟷螂《とうろう》の斧《おの》〟とは、「カマキリがはさみ（斧《おの》）を振《ふ》り上げて大きなクルマの車輪を切ろうとした」という中国の故事で、弱い者が強い者に立ち向かうことのたとえ。無謀《むぼう》で身のほど知らずだけど、国民のためならやる！と〝今太閤《いまたいこう》〟は言いました。

こんにゃく炒《いた》めが、
みそ田楽に嫉妬《しっと》しても
仕方がないでしょ。

秋《あき》吉《よし》久《く》美《み》子《こ》
1954〜
女優《じょゆう》

テレビのバラエティ番組やクイズ番組にゲスト出演したり、作詞《さくし》家としてミュージシャンに楽曲を提供《ていきょう》するなど、幅《はば》広い芸能活動をおこなっている女優《じょゆう》の秋吉《あきよし》久美子《くみこ》さんは、不思議なオーラの持ち主です。

彼女《かにじょ》が映画《えいが》デビューした1972年、当時は〝しらけ世代〟と呼《よ》ばれる「無関心・無気力」な若者《わかもの》が多くいましたが、彼女《かのじょ》のストレートでユニークな言動は彼《かれ》らの共感を呼《よ》び、時代を象徴《しょうちょう》する女優《じょゆう》となりました。「不器用だったのかな」とのちに当時を振《ふ》り返って彼女《かのじょ》は語りましたが、〝不器用《ぶきよう》〟イコール〝素直《すなお》〟。計算なしの生き方が多くの若者《わかもの》たちに支持されたのだと思います。

「私《わたし》は生き方がうまくない」。そして「人間関係で嫉妬《しっと》したことはない」と秋吉《あきよし》さんは言いました。彼女《かのじょ》が2歳《さい》の時に妹が生まれ、以来、彼女《かのじょ》はお母さんに甘《あま》えたり頼《たよ》ったりしない〝一人立ち〟の生き方をします。妹への嫉妬《しっと》を「これでのびのび眠《ねむ》れるぞ」と意志的に切り替《か》えたのです。これが〝オーラの素〟ですね。

「こんにゃく炒《いた》め」も「みそ田楽」も、レシピ（調理法）が違《ちが》うだけで素材は同じ。人間が人間に嫉妬《しっと》するのも同じだと、彼女《かのじょ》は達観しているのです。

自分の深淵《しんえん》をのぞき込《こ》み、
言葉にしていく内省的な行為《こうい》が、
現実や他者とあらがい、
距離《きょり》を保つ力になっていく。

金《かね》原《はら》ひとみ

1983〜

小説家、2004年芥川《あくたがわ》賞、2012年ドゥマゴ文学賞

小説家の金原《かねはら》ひとみさんは、小学校4年生の時に不登校となり、中学、高校にはほとんど行かなかったそうです。その間に彼女《かのじょ》は自分を見つめ、12歳《さい》の頃《ころ》から小説を書きはじめました。深淵《しんえん》をのぞき込《こ》んで言葉にしていったのです。

そんな内省的な行為《こうい》が20歳《さい》の時に書いた『蛇《へび》とピアス』に結晶《けっしょう》して、2003年にすばる文学賞、2004年に同作品で芥川《あくたがわ》賞を受賞しました。

この、自分を客観的に見る（内省）行為《こうい》は、同時に「現実や他者とあらがい、距離《きょり》を保つ力になっていく」と彼女《かのじょ》は言っています。これって、今の新型コロナウイルスの拡大《かくだい》を防ぐもっとも大事な要素の一つで、いちばん難《むずか》しいと言われていることですよね。有名な哲学《てつがく》者のニーチェは、『善悪《ぜんあく》の彼岸《ひがん》』という著書《ちょしょ》の中で「深淵《しんえん》をのぞく時、深淵《しんえん》もこちらをのぞいている」と書いています。

〝深淵《しんえん》〟が何を意味するのか、さまざまな解釈《かいしゃく》がありますが、深淵《しんえん》とは自分の心の奥《おく》深くのことで、そこに眠《ねむ》っていた真の自分が、のぞかれて目を覚ますのかもしれません。金原《かねはら》さんは、子どもの頃《ころ》から、自分を客観的に見つめて深淵《しんえん》をのぞき込《こ》んだから、他者との距離《きょり》の取り方をよくわかっているのだと思います。

※ニーチェは、哲学《てつがく》的な考えで自分の中（深淵《しんえん》）に超人《ちょうじん》（人間を超《こ》えた神のような存在《そんざい》）を見出そうとしました。

好きなことを、
何でもいいから一つ、
井戸《いど》を掘《ほ》るつもりで、
とことんやるといいよ。

白洲《しらす》正子《まさこ》

1910〜1998

随筆《ずいひつ》家

随筆《ずいひつ》家の白洲《しらす》正子《まさこ》さんは、「能」や「骨董《こっとう》」など日本文化に造詣《ぞうけい》（知識）の深い人で、女性としてはじめて能舞台《ぶたい》に立った人です。そして、「世阿弥《ぜあみ》」と両性具有《りょうせいぐゆう》（男女両方の性を備えた人）をライフワークにたくさんの本を著《あらわ》しました。

能を完成させた世阿弥《ぜあみ》を研究し、自らも能舞台《ぶたい》に立つことで、彼女《かのじょ》は、男性が女性を演じる〝両性具有《りょうせいぐゆう》〟的な「能」はあくまでも男性が舞《ま》うもの、女性が演じることは出来ないという結論《けつろん》に達します。

「能を50年やって、それがよくわかった」と彼女《かのじょ》は言いました。好きなことをとことんやったからわかったのです。薩摩隼人《さつまはやと》の血を引き、探求心《たんきゅうしん》からあちこち駆《かけ》け回る彼女《かのじょ》を、周りの人は『韋駄天《いだてん》お正《まさ》』と呼《よ》んだそうで、きっと〝お転婆《てんば》〟さんだったのでしょうね。１９９８年に88年の生涯《しょうがい》を閉《と》じましたが、〝凛《りん》〟とした佇《たたず》まいと揺《ゆ》るぎない探求心《たんきゅうしん》で人生を走り抜《ぬ》いた彼女《かのじょ》のカリスマ的人気はおとろえを知りません。「物はほどほどに投げやりなのが美しい」「身に付くというのは普段着《ふだんぎ》に着ること」など、〝おしゃれ〟や〝趣味《しゅみ》〟に関する彼女《かのじょ》の言葉は、一つひとつが金言となって、今も女性たちの作法や生き方のお手本になっています。

人口減少は、
むしろアドバンテージ（有利）だ。

ジャレド・ダイアモンド

1937〜
アメリカの生物地理学者、進化生物学者、作家、
カリフォルニア大学ロサンゼルス校教授

世界的なベストセラー『銃《じゅう》・病原菌《びょうげんきん》・鉄』を書いた生物地理学者で作家のジャレド・ダイアモンドさんは、ネガティブな出来事や考え方をポジティブなものに転換《てんかん》します。それらは、たんに言葉だけでなく、人類史を俯瞰《ふかん》しながら蓄積《ちくせき》した豊富な知識と綿密《めんみつ》な調査に裏打《うらう》ちされたもので、説得力に富んでいます。

少し前に、2030年達成を目標に気候変動や飢餓《きが》の問題などを解消し、持続可能な世界の構築をめざす「SDGs（エスディージーズ）」が提唱されましたが、新型コロナウイルスの影響《えいきょう》で先が見えない状況になっています。しかし、ダイアモンド博士はこの危機《きき》を千載《せんざい》一遇《いちぐう》のチャンスと捉《とら》え、アドバンテージ（有利）を導き出します。「分裂《ぶんれつ》しつつあった国や人間どうしが相互《そうご》に助け合うという、世界史の大きな転換《てんかん》点になる」と彼《かれ》は言っています。

また、日本では「高齢化《こうれいか》・人口減少」が大きな社会問題となっていますが、これに対しても、高齢《こうれい》者の知識や知恵《ちえ》を活かした社会に変革《へんかく》するチャンスで、ほどよい人口減少は資源《しげん》や食料問題を解消するアドバンテージ（有利）になると語りました。アドバンテージには〝前進〟、〝優位《ゆうい》〟という意味も含《ふく》まれています。

僕《ぼく》たち宇宙《うちゅう》飛行士は、
ツィオルスキーの言葉に
突《つ》き動かされて、
今、ここにいるのだろう。

野口《のぐち》聡一《そういち》

1965〜
宇宙《うちゅう》飛行士

人類初の宇宙《うちゅう》飛行士ユーリ・ガガーリンは「地球は青かった」と言い、女性初の宇宙《うちゅう》飛行士ワレンチナ・テレシコワは「私《わたし》はカモメ」と言いました。

２００３年に起きたＮＡＳＡのスペースシャトル「コロンビア号」事故後、最初のミッション・スペシャリストとしてスペースシャトルに乗り込《こ》んだ宇宙《うちゅう》飛行士の野口《のぐち》聡一《そういち》さんは、「地球は人類の揺《ゆ》りかごだが、我々《われわれ》が永遠に揺《ゆ》りかごにとどまることはないだろう」と言ったロシアの科学者コンスタンチン・ツィオルスキーの言葉を引用して、テーマの言葉を語りました。

今、人類は再び月への飛行に挑《いど》み、直近では火星をめざして壮大《そうだい》な宇宙《うちゅう》飛行の計画が進められています。資源《しげん》や食料、気候などの環境《かんきょう》問題に加えて人口増の大きな問題を解消するために、人類は、地球という揺《ゆ》りかごから大いなる宇宙《うちゅう》へと旅立つ必要があるのだそうです。「また、宇宙《うちゅう》に挑戦《ちょうせん》したい。新しい宇宙《うちゅう》船に乗ってみたい」。飽《あ》くなきチャレンジャー、野口《のぐち》飛行士は、今、アメリカの宇宙《うちゅう》企業《きぎょう》スペースＸの新型宇宙《うちゅう》船『クルードラゴン』搭乗《とうじょう》者の一員として、揺《ゆ》りかごから旅立ち、宇宙《うちゅう》ステーションでの新たなミッションに挑戦しようとしています。

※コンスタンチン・ツィオルスキーは、１８９７年にロケット推進《すいしん》に関する数式『ツィオルスキーの公式』を発表した科学者です。

スポーツ選手ばかりでなく、ゲームプレーヤーの多くが「失敗」や「敗北」の大切さを語っています。「負け組」とか「勝ち組」とか言われて、人は負け組にならないよう勝ち馬に乗ろうとします。何からの勝利？ 何のための成功でしょう？

人類は、今、未知のウイルスに怯え、災厄《さいやく》の収束《しゅうそく》する日を待ちわびています。かつて、アメリカの著名《ちょめい》な作家・スーザン・ソンタグさんは、疫病《えきびょう》の歴史を描《えが》いた『隠喩《いんゆ》としての病』や『良心の領界』という本で、病気や疫病《えきびょう》に対するそれまでの考え方に疑問《ぎもん》を投げかけ、真実を掘《ほ》り下げる思考の大切さと、「暴力」や「虚飾《きょしょく》」、「自己《じこ》愛」を嫌悪《けんお》して、真の自己《じこ》を見つめることが何よりも重要だと説きました。

また、哲学《てつがく》者のハンナ・アーレントさんは、ナチスのユダヤ人強制収容《しゅうよう》所の責任者だったアドルフ・アイヒマンの裁判《さいばん》において「彼《かれ》は、血も涙《なみだ》もない〝怪物《かいぶつ》〟ではなく、家族を大切にするごく普通《ふつう》の小心者で、取るに足らない役人だった」と〝悪の陳腐《ちんぷ》（月並《な》み）さと凡庸《ぼんよう》（平凡《へいぼん》）さ〟を語り、誰《だれ》の中にも同じ悪が宿っていると諭《さと》しました。

俳優《はいゆう》の吉川晃司《きっかわこうじ》さんは「最大の敵」である自分と闘《たたか》っています。〝ひふみん〟こと加藤《かとう》一二三《ひふみ》さんや騎手《きしゅ》の武豊《たけゆたか》さんは、失敗することの大切さを語りました。失敗から多くのことを学び、良く反省して輝《かがや》かしい実績を残したのです。本当に闘《たたか》うべき相敵は、将棋《しょうぎ》の駒《こま》でも、馬でも、ライバルたちでもありません。本当に闘うべき相手は、他者ではなく、内に潜《ひそ》む自分の慢心《まんしん》や虚栄心《きょえいしん》や自己《じこ》愛。そしてパニックが引き起こす恐怖心《きょうふしん》とそこから生まれる無用な敵対心。今、ここにある危機《きき》は、人間自らが招いてはいけない客を招いたものです。過去の失敗に学ばず、いく度も人は同じあやまちをくり返してきました。病巣《びょうそう》は、人間の際限のない欲望《よくぼう》の中にあります。

他者に勝つことではなく、痛《いた》みを知り、ともに支え合い、助け合う〝共生〟こそが、コロナの時代と次に来るアフターコロナの世界を生きる智慧《ちえ》なのかもしれません。

2020年　佐久間博

本書は、各界著名人《ちょめいじん》の『名言』を私《わたし》なりに解釈《かいしゃく》したものです。彼《かれ》らの〝言霊《ことだま》〟を私《わたし》なりに受け止めたつもりですが、語った人の本意にそぐわない内容もあるかもしれません。解釈《かいしゃく》の拙《つたな》さや文の未熟《みじゅく》さをご容赦《ようしゃ》いただければ幸いです。

参考資料：アエラ、月刊文芸春秋、朝日新聞、毎日新聞、報知新聞、日本経済新聞、本誌掲載書籍ほか

文●**佐久間博**（さくま ひろし）

1949年、宮城県仙台市生まれ。20代より40年間広告コピーライターの仕事に従事。旅を最良の友として仕事のかたわら世界各地を巡り歩き、訪れた国は50か国を超える。著書にアフリカでの体験を綴った「パラダイス・マリ」、汐文社刊「きみを変える50の名言（全3巻）／第1期」、「空飛ぶ微生物ハンター」、「いつ？どこで？ビジュアル版巨大地震のしくみ（全3巻）」がある。現在、広告業界を退いて旅に関するエッセイや小説などを執筆中。

絵●**ふすい**

イラストレーター、装画家。『青くて痛くて脆い』(KADOKAWA)や『青いスタートライン』(ポプラ社)、『僕の永遠を全部あげる』（一迅社）『海とジイ』（小学館）等、数多くの書籍装画や挿絵を手掛ける。みずみずしく細部まで描き込まれた背景、光や透明感、空気感等、独特なタッチを特徴としている。

［オフィシャルHP］https://fusuigraphics.tumblr.com

きみを変える50の名言 2期

大谷翔平、渡辺直美ほか

発　行	2020年11月	初版第1刷発行
	2021年　9月	初版第2刷発行
文	佐久間博	
発行者	小安宏幸	
発行所	株式会社 汐文社	
	東京都千代田区富士見1-6-1　〒102-0071	
	TEL：03-6862-5200　FAX：03-6862-5202	
	URL：http://www.choubunsha.com	
企画・制作	株式会社 山河（生原克美）	
印　刷	新星社西川印刷株式会社	
製　本	東京美術紙工協業組合	

ISBN978-4-8113-2765-5　　NDC917